本成果受到中国人民大学"统筹推进世界一流大学和一流学科建设"专项经费的支持

虚拟社群传播

Virtual Communities Communication

李彪 ■ 著

人民日报出版社

图书在版编目（CIP）数据

虚拟社群传播／李彪著. —北京：人民日报出版社，
2018. 12
ISBN 978 - 7 - 5115 - 5756 - 8

Ⅰ.①虚… Ⅱ.①李… Ⅲ.①网络营销
Ⅳ.①F713. 365. 2

中国版本图书馆 CIP 数据核字（2018）第 287254 号

书 名：	虚拟社群传播
著 者：	李 彪

出 版 人：	董 伟
责任编辑：	梁雪云
封面设计：	主语设计

出版发行：人民日报出版社

社 址：北京金台西路 2 号
邮政编码：100733
发行热线：（010）65369509 65369846 65363528 65369512
邮购热线：（010）65369530 65363527
编辑热线：（010）65369526
网 址：www. peopledailypress. com
经 销：新华书店
印 刷：三河市华东印刷有限公司

开 本：710mm×1000mm 1/16
字 数：201 千字
印 张：15
印 次：2019 年 7 月第 1 版 2019 年 7 月第 1 次印刷

书 号：ISBN 978 - 7 - 5115 - 5756 - 8
定 价：78. 00 元

自　序

物以类聚，人以群分。古希腊的亚里士多德也曾说过"人类是天生社会性动物"。人类社会的诞生是以群居为基础的，后来有了部落、村庄、阶层乃至阶级。人类个体因为活动在社群中才能彰显自己的生存与社会价值，就连马斯洛的需求层次理论也认为，社交需求是在生理与安全需求层次之上的第三层原始需求。互联网技术的出现，使得人们的生存空间更加多元，在传统社会基础上嫁接了一种全新的空间层次即虚拟空间。在虚拟空间中，人们突破了时间和地理空间的藩篱，人不分男女老幼，地不分南北西东，各种虚拟关系重叠而生，各类社群形态交融共存，传统社会空间是建立在边界清晰、权力结构森严的强关系基础上的三维空间，而虚拟空间则是传统社会空间基础上增加了虚拟性维度的四维空间。

虚拟社群已成为虚拟空间的基本社会组织和社会单元。人类社会关系的原发性关系概括起来不外乎五种——血缘、地缘、学缘、业缘和趣缘，这些原发性社会关系又可以生发出其他各种错综复杂的社会关系，在虚拟空间中人们也是依据这五种原发关系类型结合成一个个虚拟社群，孤独的个体得以在虚拟空间寻得慰藉与归属，进而在虚拟空间实现传统关系迁移和新关系再生，好比电影《阿凡达》中的潘多拉星球一般。因此，网络空间可以实现人们在传统社会无法实现的一些需求与欲望，并且可以再生出更多的社会使用与满足，人们因虚拟社群而存在，社群变相地构建起了虚拟空间，虚拟空间越来越具有社会属性，虚拟社会跃然纸上。

虚拟社群已成为一种社会媒介。传统社会个体是一种原子化的存在，每个个体独立地接受外部信息刺激而进行信息加工，个体与个体之间没有交流互动。虚拟空间内人们是以社群的形式存在，并越来越多地依赖社群获取外部信息，而不是传统大众媒体，社群就像隔离在外部世界与社群成员之间的"把关者"与信息中介，已然扮演着传统大众媒体的角色，并且在圈子内部具有"回音壁"效应——只有适合本社群价值立场的信息才可能流入社群内部，意见气泡很容易形成并放大，从而逐步形塑着社群成员的世界观、价值观和刻板印象。从社群对成员的信息流通与接触、社会价值观的形成与改变的功能角色来看，社群已然成为一种媒介。社群已经成为一种社会"遮蔽"，社群对社会个体获取信息及链接新型社会关系产生很大影响，使得民众部分失去了准确客观认识真实世界的能力，成为一种技术遮蔽，"媒介即信息"，技术遮蔽会逐步转为一种社会遮蔽，因此，无论从技术演进还是社会变迁，社群研究都应该是当下新闻传播学需要关照的核心话题之一。

本书对虚拟社群的概念、元场域、群内传播、群际互动以及其背后的动力机制进行了分析，最后提出了社群引导与规制的相关对策与建议，试着从"信息传播—关系网—情感维系—付诸行动"四个环节构建属于社群研究的相关范式与结构，研究还比较浅显，只是一个简单的拓展成果，希望更多的先学与同仁能够关注这个领域，共同推动我国新闻传播学领域关于虚拟社群的研究，以便更好地了解我们生活的局部生态部落。

目　录
CONTENTS

第一章

引　言

第一节　媒介环境学派视角下的媒介生态演进

　　媒介环境学的代表人物麦克卢汉曾提出了著名的"媒介即信息"（The medium is the message）的论断，传播技术学派无论是英尼斯（也译为伊尼斯），还是尼尔·波兹曼、梅罗维茨和莱文森等，都关注媒介技术发展与人类社会变迁之间的关系。麦克卢汉认为，媒介的改进不仅扩大了传播方式，增加了传播内容，甚至改变了信息的内容。他认为，媒介是社会发展的基本动力，每一种媒介的产生，都开创了人类感知和认识世界的方式，也改变了人与人之间的关系，并创造出新的社会行为类型①。因此，媒介可以作为区分不同社会形态的标志。媒介形态其实是信息中的信息（或信息中的信息，更本质更重要），媒介本身的存在改变了人类认知世界、感受世界和以行为影响世界的方式，而媒介传递的内容信息与媒介本身对人类社会发展带来的影响相比，则是相对次

---

① M. 麦克卢汉. 理解媒介：论人的延伸 [M]. 何道宽译. 北京：商务印书馆，2000：3 - 7.

要的。

一、网络已成主流大众媒体

英国历史学家汤恩比曾经说："一部人类的历史，便是在挑战与回应中前进的历史"，从世界人类发展史来看，信息安全是人类生存和发展的基础和前提，在前大众媒介时代，人们通过内生性的媒介——人体器官（如吼叫等）传递着信息，由于自身禀赋的限制，人们需要借助外生性的工具作为中间介质传递信息，正如麦克卢汉所说的"媒介即人的延伸"，随着外生性媒介的兴起，如岩画、打结等手段，信息流动的速度和持久性增强，但这种信息流动和交流具有滞后性，媒介更多表现为作为一个部落、种群乃至一个民族的文化载体而存在。

随着交往广度的扩展和频次的增加，人们对信息的需求不断增强，尤其是对实时性信息的需求增强，信息流动和更新的速度加快，外生性媒介的物理属性也不断更新，出现了纸张和印刷术，这一切都促进了大众媒介1.0时代的到来。有关大众媒介的定义，有很多不同的内涵和外延体系，笔者认为大众媒介的定义首要的是一个数量的概念，从字面意义上理解，大众（Mass），是一对多的传播模式，这个"多"需要有个标准来界定，西方传播学研究认为一种物理属性的媒介形态被社会大众中20%以上的人使用，便可以认为是大众媒介。笔者认为大众媒介1.0时代的大众媒介的功能属性是单一的，即仅仅承担着信息传播载体的功能，介态主要包括图书、期刊、报纸、广播和电视等。

网络的出现改变了媒介生态格局和媒介生存序次。大众媒介格局并非一成不变的，随着媒介技术的不断进步，媒介生态和格局不断变化，媒介格局改变的过程是不同大众媒介"让渡"受众资源的过程，正如卡斯特所说："互联网展现了有史以来最快速的沟通媒介穿透率：在美国，收音机广播花了30年才覆盖了6000万人；电视在15年内达到了这个传散水准；全球信息网发展以后，互联网只花了 3 年就达到了。"①

中国互联网络信息中心（CNNIC）发布的《第 42 次中国互联网络发展状况统计报告》显示，截至 2018 年 6 月，我国网民规模达 8.02 亿人，普及率为 57.7%；2018 年上半年新增网民 2968 万人，较 2017 年末增长 3.8%；我国手机网民规模达 7.88 亿人，网民通过手机接入互联网的比例高达 98.3%②。从这个意义上说，人类社会全面进入网络技术主导的媒介社会——可以说，现代社会在本质上是一个技术社会，某种意义上讲，今天的社会革命首先是一场媒介技术革命，而网络是这场媒介技术革命的主导者。

二、网络社会崛起

网络社会作为一种新的社会存在方式改变了传统的社会结构和人们的生存方式，这种社会存在新方式和新结构为社会网状结构存在和人们数字化生存带来好处的同时，使得社会运行结构和社会个体生存方式等各方面发生了新的变化。

（一）改变了传统社会结构和人们生存方式

网络的勃兴是 21 世纪上半叶最具有经济技术影响与科学文化意义的社会事件，它不仅为人们提供了交往和传播的新技术、新方法和新媒介，而且为人们提供了一个全新的开放式交往与活动平台，并有可能由此导致人类社会经济、政治和文化层面上的结构性转型与重构。著名学者曼纽尔·卡斯特（Manuel Castells）在其产生了广泛影响的《网络社会的崛起》一书中指出："我们对横越人类诸活动与经验领域而浮现

---

① ［美］曼纽尔·卡斯特. 网络社会的崛起 ［M］. 夏铸九，等译. 北京：社会科学文献出版社，2003：21－23.

② 中国互联网络信息中心（CNNIC）. 第 42 次中国互联网络发展状况统计报告 ［EB/OL］. http://tech.sina.com.cn/zt_d/cnnic42/, 2018－10－01.

之社会结构的探察，得出了一个综合性的结论：作为一种历史趋势，信息时代的支配性功能与过程日益以网络组织起来。网络建构了我们社会的新社会形态，而网络化逻辑的扩散实质地改变了生产、经验、权力和文化过程中的操作和结果……在网络中现身或缺席，以及每个网络相对于其他网络的动态关系，都是我们社会中支配与变迁的关键根源：因此，我们可以称这个社会为网络社会（Network Society），其特征在于社会形态胜于社会行动的优越性。"① 显然曼纽尔·卡斯特说的网络社会不再是技术含义上的互联网络，而是网络化的生存方式——网络社会不仅深刻地改变了社会组织结构，也深刻地影响了人们的思维方式——生活在网络社会时代的人们，将更多地从网络角度思考、分析和解决问题。

"作为一种历史趋势，信息时代的支配性功能与过程日益以网络组织起来。网络建构了我们社会的新社会形态，而网络化逻辑的扩散实质地改变了生产、经验、权力与文化过程中的操作和结果。"② "网络社会"是一个以卡斯特所谓的"信息技术范式"为基础的社会。卡斯特指出："信息技术范式并非演变成为一个封闭系统，而是成为一个开放的多变网络。就其物质特性而言，信息技术范式相当强势而壮大，但就其历史发展而论，则具有适应性且开放。全面性、复杂性与网络化乃是其明确特性。"

正如麦克卢汉的惊世骇俗言论——"媒介即人的延伸"，媒介技术作为人的社会延伸，是构成网络社会等一切社会形态最基础的物质性架构之一。纵观整个人类历史，每一项媒介技术的出现都导致了人类生存方式甚至社会结构的转型，拓展了人类信息的生存空间，使得人类形成

---

① ［美］曼纽尔·卡斯特. 网络社会的崛起［M］. 夏铸九，等译. 北京：社会科学文献出版社，2003：569.
② ［美］曼纽尔·卡斯特. 网络社会的崛起［M］. 夏铸九，等译. 北京：社会科学文献出版社，2001：76.

新的生活经验和社会存在形式。

（二）颠覆了传统的金字塔式社会，扁平的网络社会结构出现

互联网的网络化、匿名性、开放性、弹性、去中心化逻辑扩散渗透到整个社会，必将导致社会生产、经验、权力和文化的实质性改变，从而为新社会结构的形塑提供物质基础，在这个意义上，正如卡斯特所说，网络建构了我们社会的新社会形态，是新社会形态中支配与变迁的关键性根源。随着网络使用行为成为人们日常生活的重要内容，隐藏在这些逐渐被网络使用族群所熟悉的行为背后的"网络社会"，也随之跃然成型。

如果说"网络社会"代表了一种借由数字化技术架构所形塑的社会组织和权力结构，那么，正如麦克卢汉的名言"媒介即信息"所揭示的那样，网络本身便是塑造和联结这一新社会形态中社群成员身份和行为的基础架构，网络的崛起，全面构造了一种后现代社会生态地貌（topography）——传统的金字塔式的社会结构正在被扁平的网络结构所取代，人类社会正在步入网络化的社会，网络社会结构具有更大的弹性、柔性和张力，但韧性不足，网络社会结构一方面提升了对社会"异端"等的社会兼容度，传统的等级界限也变得模糊了，而人们之间的联系更为平等和多元化；另一方面韧性的不足增加了社会的脆弱度和社会结构的不确定性。

第二节　传播格局变化：从个体到社群、从大众传播到社群传播

一、从个体到社群

随着社交媒体平台的不断崛起，民众在虚拟社会空间按照血缘、地缘、业缘、学缘和趣缘等关系纽带得以重新圈子化和部落化，这种圈子化被信息茧房化效应不断强化——民众获取信息的渠道越来越依靠圈子内的信息，而不是传统媒体的"议程设置"，而圈子内的"回音壁"效应进一步强化了圈子内成员的社群偏见，即群体的同质性和群际之间的异质性都大大增强，社群中的茧房化效应也逐步增强。传统大众媒体的议程设置能力逐步被圈子所取代，"关系"或者说是"圈子"本身成为一种媒体，替代了传统大众媒体。中国人民大学舆论研究所 2004 年和 2015 年对北京地区居民的信息源结构调查，新闻媒体作为信息源的占比已经由 2004 年的 76% 左右下降到 2015 年的 29.4% 左右，以微信群、朋友圈为代表的人际关系网成为民众获取信息的第一大渠道（42.8% 左右）①。关系维度在信息传播中的突然出现使得民众所关心的问题与视角也发生了翻天覆地的变化：传统媒体关注的是宏大的"巨内容"，好比射电望远镜关注的是浩瀚宇宙那样；小圈子只关注自身周围的"微内容"，好比显微镜那样把一些细微的事件放大来关注。在降低对一些事件集体"凝视"风险的同时也加大了社群群际之间的偏见与缺

---

① 喻国明．当前新闻传播"需求侧"与"供给侧"的现状分析［J］．新闻与写作，2017（5）：44 - 48.

乏互动①。

二、社群崛起的三个关键要素

（一）接力传播：社群传播的背景与场域

1. 从二级传播模式到信息流模式

二级传播理论（theory of two-step flow of communication）是 1948 年美国传播学者拉扎斯菲尔德等人在研究伊里政治选举时提出的传播理论②，认为大众传播对人们的影响不是直接的，而是一个二级传播过程，即来自大众媒体的影响首先到达舆论领袖那里，舆论领袖再把他们读到和听到的内容传达给受他们影响的人。后来罗杰斯把"二级传播"模式发展成为"多级"或"N 级传播"模式③，两者都强调信息流动不是一蹴而就的，而是经过不同环节的传递。随着社交媒体平台的崛起，传统信息传播格局也出现了"多级多平台流动"的趋势。以往的信息生产与信息分发均由传统大众媒体一家完成，而随着每个人都掌握了自媒体，人人都有麦克风，信息传播已经演变为"社交平台爆料—网络意见领袖转发热点化—新闻媒体跟进报道—新闻资讯 APP 转发—社群—社会大众"的"信息流"模式。

2. 社群超越意见领袖成为信息传播最后环节

如果说以前的新闻传播是 400 米赛跑，从起点到终点都是由媒体组织一家完成，现在变成了 4×100 米接力跑④，传统媒体的角色从新闻

---

① M. 海德格尔. 技术的追问［M］. 孙周兴等译. 上海：三联书店，1996：78.

② ［美］拉扎斯菲尔德. 人民的选择：选民如何在总统选战中做决定（第 3 版）［M］. 北京：中国人民大学出版社，2012：36 - 38.

③ ［美］E. M. 罗杰斯. 创新的扩散（第 5 版）［M］. 唐兴通等译. 北京：电子工业出版社，2016：45 - 48.

④ 李彪. 未来媒体视域下媒体融合空间转向与产业重构［J］. 编辑之友，2018（3）：40 - 44.

传播链条中的"第一落点"位置被不断后置，成为第三落点甚至是第四落点，其功能也发生了转向，从新闻的爆料者变成"流言"（不经确认的信息）的公信力赋予者和社会意义建构者。

（二）关系传播：社群传播的硬件与结构

随着社交平台的普及，人类社会得以在虚拟空间内重新部落化和圈子化。以往民众主要依靠传统媒体的新闻报道来认知社会，因此有著名的"议程设置理论"的提出，但随着社交圈子化，人际网络成为人们获取信息的第一渠道，民众越来越依靠圈子来获取新闻，新闻则经过圈子的过滤和选择而进入每个圈子成员的视域，民众认知社会的工具从传统媒体转向了人际圈子，即认知世界的"座架"发生了改变，"座架"一词是由马丁·海德格尔（Martin Heidegger）提出的，他强调技术绝不仅仅只是人类生存和存在的手段和工具，技术在本质上是座架（Ge - stell），是对自然的促逼和对世界的单向度的解蔽（das Entbergen），技术作为座架，为人们的理解和生存设置了固有的框架，人类所有的思考和生存方式都必须发生在这个由技术座架限定的框架背景之中，无法逃避或站在这个框架之外，即人类生活在这一技术的世界之中，就被"促逼"得只能在这一框架下来"解蔽"世界，根据技术的秩序理解世界，这是现代人的宿命①。"座架"在改变了社会个体的组织方式和社会交往结构的同时也进一步改变了认知世界的思考方式和行为模式。座架揭示的是社群成为一种工具、一种认识世界的全新媒介，好比以往的大众媒介是报道的巨内容，是望远镜——只报道宏大叙事和重要事件，而社群则是显微镜，传播的是社群内部关心的"微内容"，是显微镜——只关注鸡零狗碎的、与自己切身相关的事情。

（三）情感传播：社群传播的软件与动力

市场营销学权威学者菲利普·科特勒曾将人类的消费行为分为三个

---

① M. 海德格尔. 技术的追问［M］. 孙周兴等译. 上海：三联书店，1996：78.

阶段，即量的满足、质的满足、感性的满足。在感性的满足阶段，人们不再最为看重商品的数量与质量，而是购买、使用过程中，与自己的关系，以及满足自己在情感上的需求。随着信息技术的层出不穷，民众对信息的量和质都得到了极大满足，目前处在第三个阶段，即情感满足的阶段。同样近年来大家提到的"后真相"也是传播必须以情感满足为指向的体现。传统媒体和民众的信息消费追求的是事情的真相，即使无法达到真正的社会真相也是努力接近于真相，随着社群传播的时代来临，圈子内部的成员不再以事实真相为最终指向，而是以追求所谓事实真相中的情感宣泄、情感共鸣和情感慰藉为主要取向，社群内部只是将追求真相"仪式化"了，内部的讨论愈加情绪化和感性化，最终越感性甚至越极端的意见往往胜出，正如勒庞的《乌合之众》中所描述的——意见领袖，往往是特别偏激的，偏激的观点才具有煽动性①，这种变化使得圈子之间很难达成基本的社会共识，因为事实真相具有唯一性，但人类的情感则是多元的。

圈子传播新格局使得圈子的信息均经过圈子属性和价值观的过滤，很容易出现回音壁效应，这种一致性的社会假象会造成圈子成员社会认知的偏差、认知极化甚至是群体极化现象，同时，圈子内部七嘴八舌很容易制造"意见气泡"，造成民众抓不到事实重点，很容易追求细枝末节的东西，造成圈子内部的讨论呈现出表层化和感性化特征，变成情感的堆砌和宣泄，在群体内部，情感越简单粗暴越能引发共鸣，引起群体成员的支持和拥护，情感优于事实的后真相时代来临。社会表达不再是事实真相的追求而是情感的宣泄与啸聚，这种改变由于圈子化使得全社会层面上的共识很难达成。

---

① ［法］古斯塔夫·勒庞. 乌合之众［M］. 冯克利译. 北京：中央编译出版社，2005
（19）23－33.

第三节　社群传播促进话语表达格局新变化

一、从"个体对事实的争论"转变为"群氓为情感的困斗"

前社群传播时代，民众参与公共事件的讨论大抵追求的是事实真相，通过围观倒逼的方式形成话语权压制来希望获得真相按照自己预设的剧本展开，但在众声喧哗的社交媒体时代，事实真相经过"七嘴八舌"地无数次再阐释甚至是故意扭曲与篡改，其本身不再是事实真相的核心，而是让位于情感、观点与立场。每当爆发涉及医患矛盾、师生矛盾、官民矛盾、警民矛盾等社会舆情热点事件时，社交媒体上的声讨之声就会不断，很多人其实不完全是就事论事，而是基于他们的日常生活体验移情于此，把以往的感受"代入"进来，进行情绪宣泄，从对事实的争论转变为情感的困斗。正如咪蒙在分享其自媒体写作经验的《如何写出阅读量100W＋的微信爆款文章?》一文中总结的那样：大众不是想看你怎么表达你自己。而是想看你怎么表达我。要体察到人性的痛点，表达大众的情感共鸣，咪蒙的文章很大程度上都是放大情感去引发共鸣，对其粉丝而言，在他们看到这些带有激烈观念或情感的观点时，内心往往是有共鸣而深信不疑的，很少理会这些观点或情感实际上是相矛盾的，更不管论证推理的逻辑是否经得住推敲。

在信息大爆炸的今天，纷繁复杂的信息让人目不暇接，注意力早已成为各种媒体争夺的稀缺资源，自媒体也越来越娴熟地去迎合大众心理吸引点阅、引发舆论，而放松对事实的核对、对客观的追求、对理性的崇尚。正如《乌合之众》所说的，"给群体提供的无论是什么观念，只有当它们具有绝对的、毫不妥协的和简单明了的形式时，才能产生有效的影响"。因此它们都会披上形象化的外衣，也只有以这种形式，它们才能为群众所接受。这些单纯而强烈情感的力量比现象背后复杂多维的社会现实更富有传播的魔力，传播中需要的是这些符合情感信念的事实而不是事实真相本身。

二、从"两个舆论场"到"社群巴尔干化"

长期以来，"两个舆论场"一直是业界和学界解释当前社会舆论结构的重要概念，最早是在 1998 年 1 月，由时任新华社总编辑的南振中提出的，后来演变成一个是以大众媒体主导的"官方舆论场"，另一个是存在互联网中的"草根舆论场"，这种提法既承认了舆论场的分化和复杂性又为观察舆论场提供了有效的视角。但随着社交网络时代来临，不同的网民开始基于血缘（如家族群）、地缘（如老乡群）、学缘（如班级群）、业缘（如记者群）和趣缘（如驴友群）等形成一个个独立的圈子，以往铁板一块的草根舆论场进一步圈群化，相较于主流媒体，网民更愿意依赖一个个"部落化小圈子"获得资讯，分享观点，寻求精神慰藉，带来社会归属感，换言之，社交群体所具有的回声室（Echo Chamber）效应和过滤气泡（Filter Bubble）效应等，使得一个个圈子的"内壁加厚"，圈子与圈子之间沟通与对话的难度在逐步加大，圈子内部的人抱怨其他圈子的人不了解自己所处的圈子，希望与其他圈子的人交往，但又以固有的偏见打量着外部世界，以往"两个舆论场"非此即彼的结构格局被一个个分散到不同社交网络平台的多元"圈子"所取代，这些圈子类似于打地鼠游戏中的一个个"地洞"，表面是开着口、期待与其他圈子沟通，实际上却是隔着厚厚的"内壁"，进而加剧了社会群体分裂成有特定利益的不同子群，即网络社群巴尔干化（Cyber - Balkanization）越发明显。

另外，圈子内部的表达并非是理性平等的对话，由于圈子是基于熟人网络的转移，很容易把线下的社会资本带入到线上的虚拟圈子中，形成线下熟人网络一样的话语权力结构。另外，圈子内部也存在话语权的争夺和重塑的动态机制，为了在圈子中获得更多的社会资本，很多成员表现得特别偏激。爱憎特别分明的人更容易在圈子内部得到拥护，产生虚妄的成就感，激发其他成员表达更加偏激的观点，最终形成了只诉诸情感不诉诸理性、抱团取暖（和抱团对抗）的"不假思考"的行为模式。

三、从"广场式的众声喧哗"到"客厅式的窃窃私语"

微博时代，话语表达更像是在一个大的广场上大家一起叽叽喳喳各抒己见，这中间可能会存在不同的讨论圈子，但所有人的声音如果想去听的话是可以听到的，随着以微信群为代表的社群传播时代来临，在网络公共领域开展的讨论，越来越转向于隐匿化的完全封闭的小圈子，这更像躲在自家的客厅里，志同道合的人们进行"窃窃私语"。后真相时代，网民更愿意依赖一个个"部落化小圈子"去获得资讯、表达观点、围炉取暖，但是，由于圈子内的成员大抵拥有相似的价值观，致使他们每天得到的信息大多经过了"立场过滤"，与之观点相左的信息逐渐消弭，信息茧房形成。同时，人们为了留在圈子内部，也不敢发表与圈子立场不同的意见。

会客厅式的窃窃私语表达机制是符合人类最初始的群体组织形式的。社会学经典的 150 定律，是由英国牛津大学的人类学家罗宾·邓巴（Robin Dunbar）在 20 世纪 90 年代提出的，该定律是根据猿猴的智力与社交网络推断出人类智力将允许人类拥有稳定社交网络的人数是 148 人，四舍五入大约是 150 人。会客厅式的话语表达会使得圈子内部的归属感更为强烈，因为熟人网络情感支持的正效应，具有情绪放大和制造虚拟社会环境进而形成虚拟社会认同的作用，很容易形成一致的意见气候环境，因此作为数字部落的成员，很容易使得人们失去了彼此辩论的机会和勇气，在圈子内部制造的各自的"数字泡沫"中，就很容易情绪化，甚至极端化，形成群体极化现象，对整个社会来说是不利的。

四、从"想象的共同体"到"偏见的共同体"与"行动的共同体"

"想象的共同体"是由本尼迪克特·安德尔森最早提出，他认为印刷资本主义是现代民族主义建构的关键，是凝聚民族"想象共同体"的必要技术手段。印刷品等为读者提供了"虚拟的共时性"，并使他们经由这种共时性凝聚的共同体想象，仿佛他们仅仅操持同种语言便息息相关似的①。现代传播手段从印刷术跃进到网络传播时代新的传播手段依然遵循着"提供虚拟共时性——凝聚共同体想象"的路径，只是不再仅仅局限于民族主义，不同阶层的网民在互联网这个大平台被凝聚，形成了全新的想象共同体。

"后真相"时代，"立场"已赤裸裸压制"事实"，虽然在历史上不乏人类一时被"立场"所蒙蔽的时期，但过去人们还是会承认"事实"比"立场"更加神圣，但如今之所以能够披着真相的外衣在各色新媒体上翩然起舞，绝不是因为谎言就已经被指鹿为马为"事实"，而是因为人们认为虚假信息中蕴含的"立场"比"事实"更加重要。在传统大众媒体祛魅的时代，谎言和"事实"此起彼伏，人们在难以判断的情况下，第一反应往往是相信自己的感觉，跟着感觉走，之后一旦出现了与自己直觉相悖的证据，人们就会倾向于选择性忽视，不以达成意见共识为目的，只是追求情绪宣泄，事实已经不重要了，情绪的宣泄和关系的勾连，拥有共同偏见的人聚合在一起，想象的共同体窄化了，形成一个个偏见的共同体。

偏见的共同体在情绪刺激和虚拟认同的刺激下又转化为行动的共同体，如鹿晗宣布与关晓彤的恋情时，新浪微博主机瘫痪了近一个小时；

---

① ［美］本尼迪克特·安德森. 想象的共同体：民族主义的起源与散布［M］. 吴叡人译. 上海世纪出版社，2005：167.

李小璐留宿事件中，PG One 的粉丝自发地捐款要买相关热搜词抹黑抨击其偶像的紫光阁杂志等，这些都从偏见的共同体转化为行动的共同体。

五、网民行为模式从"围观—较真"模式到"应激—遗忘"模式

在前真相时代，一旦发生舆情事件，民众会自发地在网络上进行围观，"围观改变中国"，因此，在舆情 1.0 时代，公权力部门的一个情况通报或者一个免职新闻就可以让民众满意散去，这是一种"围观—较真"的行为模式，如持续三年之久的周正龙拍虎事件，最终以周正龙被抓、官方道歉为结局。

后真相时代，情感太多，事实已经不够用了。部落与部落之间的壁垒更加坚实，每个人都在不同的池塘，都是自己池塘边的青蛙，信息理解变短变浅，偏见与偏见的人交锋，只是情绪的冲撞。人们只能以一种特殊的方式来解决问题——立即反应，然后遗忘。面对舆情事件的发生，一个个的小圈子成员开始探出脑袋来关注，这是一种下意识的看热闹行为，是一种应激机制，但只诉诸情感不关注于事实真相，不假思考地与当事人同悲同喜，情感付出很廉价，但不再像以前那么较真，"逢场作戏"地又关注自己圈子内部的"小确幸"（小而确定的幸福）。这也能够解释为什么近年来舆情热点事件少了，其实只是我们用一种全新的"应激-遗忘"的后真相时代行为模式来对待这些事件罢了。

第四节 社群传播成为超越五种传播
类型的全新模式

一、社群传播成为全新传播类型

传播学创立者施拉姆根据传受的主体性特征，曾将社会传播划分为五种基本类型，即人内传播、人际传播、群体传播、组织传播、大众传播，但随着社交媒体平台的崛起，传统的五种传播类型无法解释发生在社群中的传播特点与类型，可以说社群传播融合了人际传播、群体传播和组织传播，甚至还包括了人内传播，即个体自我劝服与互动，从一定意义上，五种传播类型对应的是传统媒体的不同形态，而随着多媒体技术的兴起，超越这五种传播类型的新型传播形式也必然出现，社群传播具备了这个优势，可以说未来的传播可以划分为两种类型：社群传播和大众传播，大众传播好比二级传播中的第一个环节，而社群则取代传统二级传播中的意见领袖的角色，大众传播只有通过社群才能到达社群成员个体，这是一种全新的二级传播模式。

二、研究内容及思路

根据以上的分析，可以看出社群成为信息社会的基本传播单元和目标主体，在整个信息传播格局中扮演更加重要的角色，研究社群必须要深入社群内部及社群之间，摸清其社群内的传播机制与社群群际之间的互动与共振，只有这样才能真正了解社群传播模式及其内部复杂的权力关系。基于此，本书的主要研究框架及结构如图1－1所示。

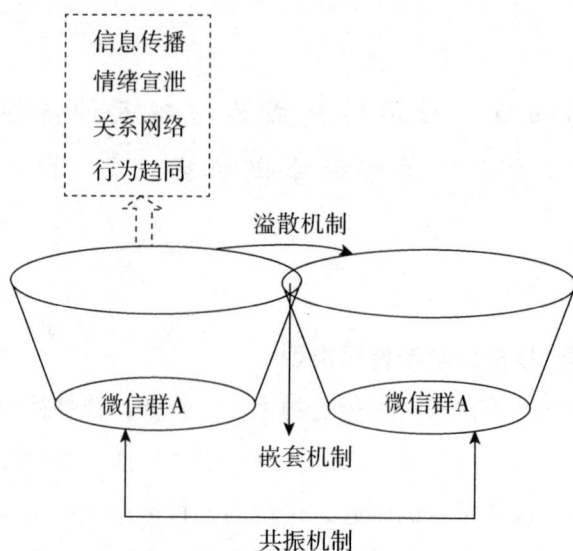

信息传播
情绪宣泄
关系网络
行为趋同

溢散机制

微信群A　　　微信群A

嵌套机制

共振机制

图 1-1　本书的框架及基本思路

从图 1-1 可以看出，社群的传播机制从大的方面可以分为两个层次：一是社群内部的传播机制，二是社群之间（群际）的勾连关系。社群内部的传播机制方面，本书主要按照两个维度展开。一是社群与传统群体传播、传统社区、粉丝社区以及基于不同关系（血缘、趣缘等）所形成的社群之间的差异。二是对社群内部的传播机制按照信息—情绪—关系—行为的范式进行分析；社群内部的情绪渲染与弥散，以及在此基础上形成社群的传播场景与传播仪式，在这种场景与仪式下形成的传播模式与传统的群体传播的差异；社群内部的关系网络及互动，在此基础上构建关系演变动态模型；社群内部行为趋同机制，研究行为趋同的过程及关键因素，以及可能造成的群体极化行为。

社群际的传播机制则是按照时间轴展开，即溢散-嵌套-共振共鸣。重点分析社群际的话题溢出机制和情绪溢散机制、社群际嵌套结构的作用机制与传播动力、社群际话题流与情绪链交织形成同幅共振与异幅共鸣的原因和机制。

第二章

社群的概念

第一节　社群概念的演变

一、社区概念的出现与争鸣

（一）社区出现的历史背景

19 世纪中后期的工业革命中，大规模商品生产开始出现，交通日益便利，一些商人和经济组织进行跨地域交易，其他人也增加了横向的水平流动，日常活动超出原来的地域社区。一些社会科学家敏锐地注意到，这些变化意味着产生了不同的身份关系与社会关系。亨利·梅因提出"地位"与"契约"概念，H. 斯宾塞提出"军事社会"与"工业社会"理论，E. 迪尔凯姆提出"机械团结"与"有机团结"理论。滕尼斯用"社区"与"社会"两个综合性分析概念，说明了人类演进过程中农业社会和工业社会的两极特征，并将"社区"定义为一个重要的学术概念①。然而，工业化城市社会本身也是一个重组和发展的过程，美国芝加哥大学的社会学家开始更加关注城市社会的群体组织和内部分工，以及城镇、城市、城市区、城市带、郊区等不同社区的形态和接替，因而地域性社区（群体）成为 20 世纪前期社会学研究的重要领域之一。社会现代化带来了社会利益的分化和自主意识的增强。社区概念也开始超越地域限制而具有更多维的内涵。社区常被用于指任何具有共同需要、利益、信念、价值和相对聚合、持续关系的人群。社区也被用来指一种心理状态，被认为存在于致力于实现共同目标的人类集体之中。当代交通和通信手段的革新进一步改变了人际关系的性质和形式，尤其是互联网出现以后，跨地域空间的社会联系加强。越来越多的学者开始关注非地域性社会网络和社会资本研究，"社区"的主要内涵和要素也转向社会网络和社会资本。

（二）社区概念的出现与演进

社会变迁生生不息，作为人类社会生活总结的理论也须随之时变时新。社区这个概念内涵的变动即是一个很好的例子，社区（Gemeinschaft）一词源自拉丁语，但其最经典的意义则源于德国社会学家滕尼斯（Ferdinand Tönnies）的界定，他认为社区是通过血缘、邻里和朋友关系建立起来的人群组合，根据人们的自然意愿结合而成，人们的关系建立在习惯、传统和宗教之上，血缘、邻里和朋友的关系是社区的主要纽带，在这里人们交往的目的和手段是一致的，传统的农村村庄是社区的代表。社区基于血缘、亲族、共居处以及共同的态度、经验、感情和气质，血缘与地缘融为一体。这一概念在引入国内时由于不同译者的认知不同，也把社区翻译成社群、公社或共同体的，早期甚至有人将它翻译成乡土社会。

---

① 高鉴国. 社区的理论概念与研究视角［J］. 学习与实践，2006（10）：32－36.

　　滕尼斯是把社区作为一个与社会（Gessellschaft）相对应的术语来使用的。他认为社区和社会是人类群体生活的两种结合类型，前者主要是在建立于自然基础之上的家庭、宗族等群体里实现的，除此之外，它也可能在历史形成的、小的联合体以及思想的联合体里实现，从而，社区就有三种基本类型：血缘、地缘和精神。社区是建立在其组成人员之本能、习惯以及与精神有关的共同记忆之上的；与此相反，社会则是一种目的的联合体，它的基础是个人以及个人的思想和自由选择意志，社会不是建立在自然的基础之上的，它是次生的，在人类的发展史上，社会这种人类群体的结合形式要晚于社区，"社区是古老的，社会是新的"。用类型学的方法对社会形态进行抽象除了社区和社会这一对概念之外，还有曼恩的"身份社会"与"契约社会"，迪尔凯姆的"机械团结"与"有机团结"，斯宾塞的"尚武社会"与"工业社会"，马克思的"封建主义社会"与"资本主义社会"，韦伯的"宗法传统经济"与"理性资本主义经济"，库利的"首属群体"与"次属群体"，索罗金的"亲密关系"与"契约关系"，雷德菲尔德的"乡民社会"与"市民社会"，贝克尔的"神圣社会"与"世俗社会"，以及费孝通的"礼俗社会"与"法理社会"等①，尽管不同的社会学家对社会形态变迁的探讨使用了不同的概念，但他们都是通过两种对立的社会类型来揭示从传统社会形态向截然不同的全新的现代社会形态的转变，这个转变过程就是我们当今所谓的现代化。滕尼斯所处的时代正是欧洲资本主义快速发展时期，工业化、都市化大行其道，与此相伴随的则是乡村的相对衰落以及人们价值观和行为方式的大转变，社会处于剧烈的变革期，传统与现代对比鲜明。这就是社区这一概念产生的历史背景和社会基础。

　　社区（Community）这一概念内涵在麦基文（R. M. Maclver）于

---

　　①　高鉴国. 社区的理论概念与研究视角［J］. 学习与实践，2006（10）：32－36.

1917 年发表的《社区：一种社会学的研究》中得以进一步扩展。他把社区看作人类在其中共同生活的区域，这个区域可大可小，村庄、小镇是社区，城市、国家乃至整个地球也可以被看作是一个社区。对社区的界定由"组织"论进入"区域"论，这个变化昭示着社会现代化和全球化的大趋势。后来芝加哥大学的罗伯特·帕克与其同事对社区进行重新定义，认为社区应该包括如下要素：一是一定地域有组织的人口；二是多少完全植根于它所占领的土地；三是个人生活在互相依赖的关系里。

　　尽管作为学术概念，社区的含义和研究内容发生了时代变化，但仍可以发现某些重要的统一性。第一，社区作为一种人际或群体关系结构，其基本内涵没有改变；第二，"社区"注重体现一种互动需要，这种互动常常具有首属（直接的、亲密的）关系的性质；第三，社区强调认同与归属意识在社会生活中的作用。后两点能够说明为什么许多群体、组织和网络研究常常被冠以"社区研究"，为什么许多人愿意将有关群体、组织、机构或区域称为"社区"。在社会学术语中，有不少与"社区"有密切联系的词汇，如"社会网络""社会组织""社会资本""社会群体"等。这些术语强调的关系特征不同，内涵有相对差异，否则就在很大程度上失去了特定概念工具的价值力。至于社区是否意味着更多的价值准则（相互责任、利他主义），是否能够成为一个建设和发展的对象或目标，在社会认知中则相对缺乏统一性。

　　从滕尼斯开始，"社区"便具有一种与农业社会相联系的密切与和谐人际关系的价值内涵；同时社区定义本身也存在模糊之处，究竟指一个行政区划还是一种社会关系（群体或组织），并没有统一的见解。一些现代学者希望社区能成为社会学研究的中性客体，具有固定的内涵，避免歧义和价值介入，并提出过各种方法来解决社区概念上的分歧。美国早期社会学家罗伯特·M. 麦基弗试图限定社区概念，使其与其他社会学术语一样有相对固定的内涵。他将社会（Society）、社区（Community)、社团（Association）辨别为三个不同的范畴，认为"社会"是指人与人之间关系的整体系统；社区指"任何共同生活的区域，如村庄、城镇、市区、国家，甚至更大的区域"；社团指具有某些共同利益或兴趣的组织。美国社会学家杰西·伯纳德提出，将社区概念分为"一般社区"（Community）与"特定社区"（The Community）两类，前者包含着社会互动和社会纽带两个要素，这种社区被看作"最基本和最广泛的"社会学分析单元；而后者不同于前者的是，将地域性作为一个基本因素①。"普通概念"即"基本概念"（或"抽象概念"），指根据对社区的共同本质特点的理解而抽象出来的内涵基本相同的概念。但由于大部分学者依然按照自己的理解和需要来界定社区，形成各种不同的社区定义，所以有的研究者主张将社区概念（定义）区分为"一般概念（定义）"和"特殊概念（定义）"，以避免认识上的混乱。

英国社会学家马格瑞特·斯泰西和菲利普·库克也进行了一些突出的探索。马格瑞特·斯泰西在论文《社区研究的误区》（1969）中提出，一个以地域为基础和联系的组织和制度被称为"地方社会系统"而不是"社区"；"社区"是一个"非概念"（Non-concept），因为人们对其内涵的理解太不统一，无法确定是指地理区域、归属感还是非工作联系等。社会系统的含义是"包含家庭、宗教、法律等所有社会生活内容的一系列相互联系的社会制度以及相关的信念系统"。并不是任何人群都能成为一个社会体系，因此用"地方社会系统"来限定研究对象，有利于从理论（逻辑）上进行系统地演绎推论，而不是做不成系统的归纳分析。斯泰西认为，应当将一种社会现实纳入固定的理论定义内，而不是根据新发现的各种现实去重造理论。许多被称为"社区"的事物并不能被定义为"地方社会系统"，无法给予统一的、有体系的

---

① 余硕，聂卉晶. 我国虚拟社群概念界定及研究热点可视化分析［J］. 图书馆理论与实践，2018（1）：15-20.

理论阐释。

20 世纪 80 年代末，菲利普·库克主张用"在地"（Locality）作为社区的一个替代性术语。库克认为，"在地"作为一个更中性的概念，指大部分居民的主要日常工作和消费生活所在的一个空间；通过研究现代社会中"在地"层次的个人和社会活动，能够发现其中以局域为基础和跨局域的互动。库克的主要观点是"社区"一词往往注重某一特定地方居民的整合和认同，重视其稳定和持续性，而不是考虑其创新和变化，以及他们在外界的行动；通过"在地"人群的活动，可以发现地方多样性和能动性，尤其能够发现在与地区、国际政治力量角逐中人们的"局域利益"。

"地方系统"和"在地"等概念没有"社区"所包含的价值负担和传统争议，有益于人们以新的眼光看待特定地域所发生的事情。然而，"社区"一词的历史缺陷并没有使它成为一个"死亡的概念"。"社区"所具有的"沟""分享""共同利益"的含义，以及其作为社会语言语汇的弹性，使它无法退出人们的思维和价值选择。现在各种社区的概念和观点方法仍然十分流行，在相互竞争和对照中发展。

西方学术界定义社区的通常做法是使用最简要的语言，描述其最主要的特征，避免将某些排他性要素（如地域）置于定义之中。如塞文·布林特提出，应当从最普遍意义上提出大部分人都能接受的一个"一般概念"（Generic Concept）：社区是"具有共同活动和（或）信念的，主要由情感、忠诚、共同价值和（或）个人感情（如相互性格和生活事件中的兴趣）关系相连接的一群人"①。这个定义仅包含了社会互动和情感联系等最基本的因素。

---

① 佘硕，聂卉晶. 我国虚拟社群概念界定及研究热点可视化分析 [J]. 图书馆理论与实践，2018（1）：15-20.

（三）社区概念的分歧与争论

在社区研究领域，始终存在一个重要的分歧，那就是是将社区定义为一个"客观的"分析概念——"社区是什么"，还是一个价值概念——"社区应当是什么"。贝尔和纽比谈到理解社区的难点时指出，社会学家同其他人一样也希望生活在社区里，"社区一词产生的主观感受常常导致'社区是什么'（经验描述）和社会学家感觉'它应当是什么'（规范限定）之间的混淆；这种长久混淆的原因与社会学本身的历史有关。社区概念本身的含义并不是非常难于说明；但在具体描述它究竟是什么时，却不可能不带有价值判断"。其实这种价值注入的传统是从滕尼斯社区概念形成初期便开始延续下来的。

1987年，美国心理学和社区教育专家 M. 斯科特·派克提出了"真实社区"（True Community）概念，认为一个"虚假社区"，需要通过一个发展过程，才能经过"混沌""纯化"阶段，建设为一个"真实社区"。借用和延伸派克的"真实社区"概念，教育学家伍德和朱迪基斯则提出了"真社区"（Real Community）、"准社区"和"假社区"概念。这个具有理想色彩的"真社区"的定义是："这样一个人群：具有共同的目的和（或）利益意识，由此产生相互的责任；明确他们之间的相互联系；尊重成员内部的个体差异；致力于相互的福祉以及群体整体性的福祉。"[①] "真社区"群体必须具备所有共同的核心要素，"否则，它就不是一个社区"；而"准社区"指在一定程度上具备了社区特性，但没有达到"完全""彻底"；"假社区"则指群体成员的行为表面上似乎有一些共同性，但完全达不到以上定义的预期。伍德和朱迪基斯提出的"正在出现的社区"（如一个群体处于形成或成长中）和"短暂社区"（如邻里或城镇对一个困难家庭进行紧急救助而形成的临时性

---

① 李万全. 社群的概念——滕尼斯与贝尔之比较 [J]. 社会科学论坛, 2006 (6): 4-7.

行动系统）类型也可被视为其"准社区"的亚类型。

在"社区应该是什么"的派别中，社区并不是已经存在的现实，而是要追求和实现的目标。进入工业化市社会以后，传统的自然社区关系衰弱，个人意志和自由扩张。进步主义人士主张在保留个人自由前提下，增强共同价值和社会凝聚。20世纪初期美国女社会活动家和社区工作者玛丽·福莱特最早提出"社区是一个过程"的命题，强调基于共同利益和努力来创造社区。这种"过程"概念的重要性在于，承认真正的社区是一种社会理想和希望，有待于建设。正如萨特尔所说："社区被强调于它应当是什么，而不是它本身或已经是什么。"尤其在政治运动和社区发展过程中，"准则社区"或"理想社区"便成了一个新的概念工具，具有特定的内涵和功能。按照科学主义取向，社区需要有固定内涵，作为社会研究的客体，其要素要成为可操作的变量；而意识形态或"激进理论"带有强烈的价值判断，很难通过经验手段来验证。不同于一些政治或社会思想家，社会学研究中社区概念的"意识形态"或"价值"色彩要少一些。社区作为一种"过程"主要强调客观事实——人与社会之间的互动性①。

社会学研究中常见的两个社区定义是"一种关系类型"和"一种地域社会"。对第一种含义来说，社区意味着认同感、公共性和群体精神。这种含义本身又包含某种程度的内在矛盾，即它不能直接说明现代社区可能存在的分层、不平等和冲突问题。对第二种含义来说，社区作为地域社会的本质特征究竟是什么，是微观社会系统还是社会或人际关系？其要领和概念内涵（界域）相对抽象（模糊），给经验或实证研究带来一定困难。

然而在社区研究实践中，每一个社会学家对自己的社区概念并不是

---

① 李万全. 社群的概念——滕尼斯与贝尔之比较 [J]. 社会科学论坛，2006 (6)：4-7.

没有限定性。正是在一些具体的范围中，社会学家形成和发展了社区理论。社会学研究中的"社区"对象大致集中在：社会关系类型、地域性社会体系、社会群体或网络三个范畴。社区作为一种社会关系（包括人格特征、群体认同）类型，来源于经典社会学的理论遗产，这些"传统社会关系"仍保留在当今各类社会和群体组织中；社区作为一种地域社会体系的观点，使人们超越了简单的地理或界域概念，而强化了对特定地域中社会组织成分以及系统的理解；社区作为一种群体网络，常常在跨空间或超空间的条件下产生目标和利益联系及行为互动，形成一种有理论价值的社会存在和研究对象。社会学家在揭示分析这些社区对象时，可能有不同的视角和方法，但他们会有意识地限定概念的内涵和外延，以避免对研究对象和分工的混淆。

二、虚拟社区（Virtual Community）的崛起与演变

探讨虚拟社群之前必须先了解"社群"（Community）。"Community"在14—17世纪，所代表意思通常意指为实际团体，像是地区的百姓、政府或组织，16世纪起其意义逐渐转为以关系为重的群体。从翻译上来区分，译为"社区"时，强调的是"区域"或"场所"之概念，译为"社群"则是着重在"人"，亦即人为组成社群的主体。如前文所述，"Community"一词之复杂性与历史过程发展的思潮有关，在19世纪由德国社会学家滕尼斯对礼俗社会（Gemeinschaft）和法理社会（Gesellschaft）做了区别，对于社区和社群开始有了明显的区分。礼俗社会表示社群关系，其特点是关系密切而长久，身份是与生俱来而非靠成就取得，亲属关系是在一个共同的区域内产生的，且因共同的文化使这种关系更有意义。由此可见，社群的意义为关系与情感所组成的共同体，因此社群是一种源动力的组合体，他们分享共同的语言、世界观、价值观、兴趣，而这些动力又是借着一种媒介体，让他们能够扮演不同的角

色，来让他们结合在一起。学者对于社群或社区的定义相当多，有学者①也指出，许多文献对社群的定义不尽相同，但多数认为所谓的社群便是指一群人于特定的地区内，彼此相互交流与共享设施，其成员感到互相依赖与归属的认同感。无论是社区或社群，都很难给予一个清楚定义，不过社区与社群对于人们而言是一个很重要的概念，因为一般人对于社区和社群具有一种自然的亲近性，认为了解虚拟社群必须先对社群有所认识，因此对于社群给予下列三种定义：一是社群可视为一个地区（Communityas Place）。历史上，地方与社群存在着密不可分的关系。Fernback 引述 Elias 和 Scotson 对于社群的定义："社群主要为制造家的组织，以及居住单位如城市、农家、村庄、大院子或帐棚群等"，社群的本质就是建造一个家。其又引用人类学者 Mercer（1956）的定义："结合在特定时间居住特定地理位置的人，他们共同分享一种普遍的文化，分配在同一个社会架构下并且显现出他们在群体中的独特性及对个别身份的认知。"② 二是社群被视为一种象征（Communityas Symbol）。社群是人们建立关系的地方，是一种动态、持续不断且非固定的建构过程。社群存在于成员的心智中，社群的存在是因为成员去解释并赋予社群意义。因此，社群是一种象征性的结构，为习俗规范和价值的集合，提供成员有意义的身份。社群的形成主要在于成员是否能使文化充满精神，建构出能提出意义及身份的象征社群。三是社群可视为虚拟的（Communityas Virtual）。所有的社群都是想象的，因为每一个社群成员的思想都存在于他们的交流印象之中。然而，瑞恩高德（Rheingold，

---

① 李万全 . 社群的概念——滕尼斯与贝尔之比较［J］. 社会科学论坛，2006（6）：4 – 7.

② 张华 . 网络社群：网络舆情研究的核心概念和分析框架［J］. 新闻界，2014（8）：7 – 10.

1993）和贝姆（Baym，1995）① 认为由于成员赋予社群意义，所以虚拟社群是一种真实的实体。虚拟社群联结社会关系、价值和信念，其结合了空间和社交的概念，因此虚拟社群并非纯粹只是一个虚构的空间。福柯（Foucault，1981）② 对于社群的定义，从人们聚集在一起成为一个实体的社群，分享共同的信念和文化，到社群是一种象征意义，持续发展到网络世界中，便产生了虚拟社群（Virtual Community）。虚拟社群最简单的解释是指此一社群相对于实体社群，之所以称为虚拟，是由于它是借由网络或网页来形成、运作与发展，与当前的网络信息、社交媒体及传播科技等息息相关。威廉姆斯（Williams，2006）③ 认为通信技术的进步改变社会结构，使得团体的建立是以共同兴趣而不是地理空间为基础的社群。近年来，社交媒体兴起，使得使用者社群日益增加，透过虚拟人际互动关系也日渐频繁，网络工具的普遍使用让网络使用者互动方式产生特有的交往行为。特纳（Turner，2001）④ 提到虚拟社群是源自电脑中介传播所建构而成的虚拟空间（Cyberspace），是一种社会集合体（Socialaggregation），它的发生来自虚拟空间上有足够的人、足够的情感与人际关系。

格根（Gergen，2001）⑤ 以 E-communities 说明虚拟社群，认为虚拟社群不像传统社群一样具有实体形式，所以虚拟社群具有实体社群的部分功能，却又不完全符合实体社群中人群的要素。网络上的社群能成

---

① Baym, N. K. (1995), "The Emergence of Community in Computer – mediated Communication", in Jones, S. G. (Ed.), Cyber Society: Computer – mediated Communication and Community, Thousand Oaks, CA: Sage.

② Foucault, M. (1981), The History of Sexuality: volume one, an introduction, Harmondsworth: Penguin.

③ Williams, M. (2006), "Policing & Cybersociety: The Maturation of Regulation within an Online Community", Policing & Society, 17: 1, pp. 59 – 82.

④ Turner, B. (2001), "Outline of a General Theory of Cultural Citizenship", in Stevenson, N. (ed.) Culture and Citizenship, London: Sage.

⑤ Gergen, K. (2001), Social Construction in Context, London: Sage.

形，前提是要有一群拥有共同兴趣、嗜好、话题或特性的人，彼此对于交换信息有兴趣。因此，虚拟社群就是现实生活中的个体，借由网络技术，在一定的期间，在特定的资讯空间中透过资讯交换的模式交流互动及资源共享，建立人际关系并借以累积知识。

　　人们对虚拟社群的看法相当多元，但所有的定义都涵盖一个重点，即具备"互动沟通"的功能，互动不仅是网站与会员，还包括企业与客户，更重要的是提供网友间交流的舞台，让彼此具有高度关连性、主动建立约定关系等自我认同。网络方兴未艾之际出现的电子布告栏（Bulletin Boards）和电子邮件（E-mail），已经可以让人们从中意识到网络的真谛在于建立人与人之间的沟通，会员在线上的互动而创造出的新形式内容，吸引更多人进入社群发表自己的意见，使社群所积聚的知识越来越丰富。整体而言，虚拟社群是透过网络与其他人进行沟通和交流，彼此分享共同的兴趣，透过这样的活动，参与者与社群其他成员建立了关系，和社群结合为一个整体。综合学者的定义，虚拟社群是聚集现实生活中拥有共同兴趣和喜好背景的人们，借由网络的运作和发展，进行沟通、互动和分享彼此的情感、文化或话题，并透过网络上人际之间的分享与交流，进而累积知识吸引更多的成员进入社群网站。虚拟社群最主要的意义在于把人们聚集在一起进行互动与分享，因此，虚拟社群依不同的角度会产生不同的类型。鲍曼（Bauman，2001）① 从互动基础和消费者环境角度将虚拟社群分为不同的类型。首先从互动层面而言，依据人类的四大基本需求可将其分为以下四种类型：一是兴趣型社群，成员通常对某些事物有特别的兴趣，因而聚集在一起，早期的虚拟社群网站多是建立在兴趣上；二是人际关系型社群，聚集具有相同生活经验的人彼此分享，因而形成的网络联结，使他们能够超越时空限制而

---

① Bauman, Z. (2001), Community: Seeking Safety in an Insecure World, Cambridge: Polity Press.

建立有意义的人际关系；三是幻想型社群，这类型的社群通常是充满幻想及娱乐的新奇空间，提供参与者无限想象的空间；四是交易型社群，社群参与者在线上进行"交换"情报的行为，满足了"交易"需求。近年来，更多的商业领域在谈论"社群营销"的概念。这里所说的"社群"，主要是从消费者环境角度发展的不同类型的社群：一是地域型社群，为围绕一个真实地区而成，所有的社群成员都有一个共同的兴趣；二是人口结构型社群，对象可能为特定性别、年龄或族裔的人群，这类型的社群对于会员极具吸引力，有时还能刺激高价值的交易活动，因此是发展规模最具潜力的虚拟社群；三是主题型社群，以兴趣为中心，或以关心某议题为焦点的社群，这类型的社群会员通常具有强烈的向心力。每一个虚拟社群重视的需求程度不一定相同，然而若虚拟社群仅重视其中一种需求，那虚拟社群的发展成功机会将会微乎其微，因此虚拟社群也可能同时包含不同类型虚拟社群特色，成为一种强大的混合体型社群，同时满足多种需求的能力，让虚拟社群充满生命力。

虽然虚拟社群类型依不同的角度看法有所不同，但从中可以发现，即便探讨的视角不一样，社群拥有共同的兴趣仍是每种类型社群构成的主要因素。早期虚拟社群主要是以兴趣为基础，现今许多虚拟社群网站的分类方式根据其他不同的因素，但其建立的目的和成员讨论的重心多数仍以共同兴趣为主，也因此在虚拟社群的定义中，社群成员拥有共同的兴趣是所有学者都一再强调的概念，也是聚集成员的最大原因。

虚拟社群的成员是社群最主要的角色，Maffesoli（1996）[①] 认为虚拟社群应以"会员间的归属感"为中心，并提出六大要素来强化，即提供珍贵丰富的内容、对品牌（该虚拟社群）有强烈的认同感、对其他成员有强烈志同道合的感觉、可以借由网站产生会员之间彼此的互

---

① Maffesoli, M. (1996), The Time of the Tribes: The Decline of Individualism in Mass Society, London: Sage.

动、对该虚拟社群的发展有参与机会以及会员之间借由该虚拟社群产生或拥有共同利益。可以看出精确合适的内容和对社群品牌的认同即社群网站需要具吸引力的内容，此外能与他人互动和找到志同道合的成员增加会员的互动，进而参与网站发展或成员间彼此互惠是影响会员归属感的重要关键。具有吸引力的内容是虚拟社群经营的基本，也是吸引成员加入的主要原因，如何让社群网站的会员培养并增加彼此之间的人际关系便是经营网站最重要的课题。安德森（Anderson，1997）① 对于社群网站建立临界数量会员提出三个阶段：一是制造流量（引诱目标会员进入网站）；二是集中流量（增加社群在网站花费的时间）；三是锁住流量（制造跳槽障碍，使会员加入之后舍不得离开社群）。

　　虚拟社群建立的目的除了吸引成员加入，更重要的就是要能留住会员，将仅是造访社群的访问者转变为固定的会员，然后将被动的会员转为活跃的会员，才能让会员成为社群重要的资产，因此加强与扩张虚拟社群的服务便是相当重要的。不过加强和扩张服务并不代表一定要增加新的服务，可以是增加现有服务项目的深度，同样性质的社群，其讨论区或布告栏经常会出现相似的内容，社群管理者如何积极编辑这些内容，并增设会员调阅这些资源的工具，让会员发表的内容成为虚拟社群的独特资产。此外，个别化的服务也是虚拟社群常见的功能，客制化的服务可以让使用者有一个熟悉的使用空间，减少会员离开网站的机会，这种一对一的服务，也能让管理者更清楚哪些既有和潜在会员能为虚拟社群带来最大的利益。总而言之，虚拟社群必须要提供更能迎合会员需求的服务，将会员停驻于虚拟社群的时间增加，并鼓励和带动会员的互动与交流，才能增加会员归属感并拥有更大的忠诚度以便长远经营。社群网站有时考量技术和成本，采用较为方便的特别活动来扩大服务范

① Anderson，B.（1997），Imagined Communities：Reflections on the Origin and Spread of Nationalism，London：Verso.

围。最佳的方式为网络活动，借着增加曝光机会，提高网友回流率，让大众认识活动背后想要推广的形象或产品。通常网络活动都相当简单容易，如网络投票是网友直接参与活动核心的公开方式；网络游戏，透过互动游戏设计，让网友进一步认识活动宗旨。虚拟社群的经营除了原有的服务，更重要的是要扩张社群的服务以维持成员间的归属感，才能让社群永续经营，创造彼此的利益和人际关系。虚拟社群缺少了成员，虚拟社群将不足以成立。安德森（Anderson，1997）① 提供一个典型的会员发展阶段，第一阶段是社群引起成员加入的欲望，一旦成员进入社群之后，第二阶段便开始增加成员的参与，第三阶段网站经营者建立他们的忠诚度，以便留住成员，第四阶段则是希望成员能够为社群网站增加价值。因此，不同阶段的会员对于社群的贡献也有所差异。当会员刚进入社群网站时，通常只是一个浏览者（Browser），有些人会因此继续留在社群之中，有的则是永远离开社群。浏览者除非能够转变为其他类型的会员，否则本身对于社群的价值并不高。虚拟社群成员的角色和贡献是逐步发展的，其主要有四种角色：一是浏览者，会员刚进入社群时为浏览者，多数人并不会留下来，少数留下来的成员也只有很低的使用率，不过浏览者可以在其他网络环境散布这个社群网站的正面"耳语"，借此吸引更多浏览者进而成为活跃的成员；二是建设者，浏览者经过一段时间可能会变成建设者或使用者，对于社群是最充满热情且积极奉献自己的创作内容，具有凝聚社群的力量，替社群带来巨大的间接价值；三是使用者，有时也被称为潜伏者（Lurker），他们在社群花费的时间比浏览者多，但不太奉献自己的创作内容和参与活动与服务，不过由于他们在社群的时间很长，社群经营者可以从他们身上收集到丰富的使用习性资料；四是行动者，在商业性质的虚拟社群中，这类型的成

---

① Anderson，B.（1997），Imagined Communities：Reflections on the Origin and Spread of Nationalism，London：Verso.

员积极购买产品或服务，为社群带来巨额的交易佣金，以及相当大的广告收入。

Kozinets（1999）[①] 从营销的角度将虚拟社群成员分为四种类型：一是积极参与者（Devotees），对社群的活动相当积极且拥有浓厚的兴趣，但与社群其他成员较缺乏情感交流；二是圈内人（Insiders），对社群拥有高度兴趣，与社群成员多半有强烈的社交联系。积极参与者和圈内人，有人将这两类型成员合称为意见领袖型，他们是社群网站最主要的代表成员；三是社交型（Minglers），与社群其他成员有紧密的社交联系，但对社群的主要活动参与度较低，通常参加社群的时间有六个月到一年的时间；四是观光客型（Tourists），对社群的活动以浏览为主，只是因为特定的问题到社群浏览，达到目的便离开，与其他成员缺少社交联系。

现实生活中，每一个成员可能会混合不同类型成员的特征，所以虚拟社群的成员并不一定会是属于特定的类型，成员有可能兼具两种以上的角色，有时可能会因为时间、讨论环境的改变或是经验和专业知识的累积，让成员角色有所转换，Lehdonvirta（2012）[②] 认为虚拟社群成员互动的特征之一，成员是由分布在不同地区的个体进行互动，因此成员间的互动是虚拟社群重要的基础，而不同类型成员的特色与变化，是增加互动的原因。总括而言，虚拟社群都拥有具有高度兴趣且积极参与的意见领袖型成员，以及参与程度较低的观光客或浏览型成员；意见领袖成员是社群活动的主要参与者，也是社群重要的价值来源之一，不过通常虚拟社群以浏览者或观光客成员所占的比例居多，因此虚拟社群的运

---

① Kozinets, R. V. (1999). E – tribalized marketing?: The strategic implications of virtual communities of consumption. European Management Journal, 17 (3): 252 – 264.

② Lehdonvirta, V. (2012). A history of the digitalization of consumer culture: From Amazon through Pirate Bay to Farmville. Digital Virtual Consumption. New York: Routledge, 11 – 28.

营者应该要了解不同类型成员的特色，以及他们所能贡献的价值，才能让更多浏览型成员转换为其他创造价值较高的成员，为社群带来更多的利益。

三、虚拟社群（社区）的研究脉络

网络作为现实社会人们生存与活动的"另类空间"，必然具有相对的独立性和完整性。因此"虚拟社区"这一理论命题，表现了它是人们在网络上实现社会互动的社会生活单位与空间。这种以互联网上的某一网站、电子邮件或新闻组为中介进行对话和交流而建立起来的空间环境，是因为人们借助于社会学关于社区的研究，并结合网络自身的特性做出判断，从而把它命名为"虚拟社区"。

对于这一新生的事物与社会现象，国内外许多学者虽已展开研究，但目前对"虚拟社区"下一个明确的定义，似乎还缺少经验材料的支持。约翰·哈格尔三世（JohnHagel Ⅲ）和阿瑟·阿姆斯特朗（Arthur G. Armstrong)[1] 在他们的《网络利益》一书中首先把虚拟社区的虚拟性加以突出，他们认为所谓"虚拟社区"，就是一个供人们围绕某种兴趣或需求集中进行交流的地方；它通过网络以在线方式来创造社会和商业价值。这种观点的核心在于：虚拟社区是由具有共同兴趣及需要的人们组成，他们可以借助网络与想法相似的陌生人分享一种社区的感觉。而与这种观点相似的是埃瑟·戴森，在其《2.0版数字化时代的生活设计》一书中首先[2]承认网络世界里存在着社区的前提下认为，"在网上的世界里，一个社区意味着人们生活、工作和娱乐的一个单位"。

在国内，有学者认为虚拟社区是主题定位明确、居民与社区间有极

---

[1] ［美］约翰·哈格尔三世，［美］阿瑟·阿姆斯特朗. 网络利益［M］. 王国瑞译. 北京：新华出版社，1998：23 - 24.

[2] ［美］埃瑟·戴森. 2.0版数字化时代的生活设计［M］. 胡泳译. 海口：海南出版社，1998：38 - 40.

大的互动性、居民之间频繁交流、社区性质与信息资料相平衡的网上虚拟世界。还有人认为，虚拟社区是网络建设者利用网络传播的特性为网民提供网上交往的空间，一般是利用 BBS、邮件列表或新闻组、万维网网站、及实时聊天等网络传播方式为媒介，为网民提供一个对话、交流及交往服务的网上环境。如此等等。上述关于虚拟社区的界定尽管表述各异，但其共性之处在于：一是肯定虚拟社区是客观存在的，认为它是人们依靠网络技术围绕一些共同感兴趣的话题进行交流的空间场所。二是认同虚拟社区是人们互动行为的产物和结果。三是认为虚拟社区能够提供满足现实世界人们"另类需要"的服务，并孕育出新的人际关系、拓展了人类新的生存与生活空间。由此，我们认为，虚拟社区的基本含义是：它是由具有共同兴趣及需要的人们，利用网络传播的特性，通过网上社会互动满足自身需要而构筑的新型的生存与生活空间。

所谓虚拟社区的特质是指虚拟社区本身具有的、不同于现实社区的基本特征。而这些基本特征的产生，是由网络自身的虚拟性、开放性、互联性等等决定的。

（一）虚拟社区的虚拟性

由于虚拟社区得以形成的基础性平台只是一种虚拟的网络空间，也没有明确的地域观念，社区成员的互动是以电子交互方式实现。因此，虚拟性成为虚拟社区与人类现实的以聚落作为自己依托或物质载体的社区之间的重要区别。正是在这个意义上虚拟社区又被称为"虚拟社区"。

"虚拟社区"是从英文 Virtual Community 翻译而来的。网络是一种"真实"，网上社区也是真实的。正如人们在此可以获取信息、广泛交流甚至购物、交易、娱乐一样。目前全世界都较为普遍地用"Virtual Reality"来描述网络给我们营造的新空间，即"虚拟现实"。虚拟现实能使人造事物像真实事物一样逼真，甚至比真实事物还要逼真。比如，飞行模拟。这是最复杂和使用时间最久的虚拟现实技术的应用。虽然这种技术早已有之，但这种技术却因为网络的产生和发展而与现实社会在不同层面上有机结合，而且还赋予了这种技术以全新的社会意义。

正是由于虚拟现实容许我们"亲身"体验各种可能发生的情况，因而人们从"虚拟现实"的技术领悟到"虚拟社会"和"虚拟社区"的观念与意义。但虚拟社区不仅仅是表达了人们的"一种亲身体验"，而是同时能够延伸和实现现实社会人们工作与生活，如网上购物、电子邮件、聊天、参加讨论、游戏、网上阅读、网上投票等。所以，网上社区既可以孕育现实社会中的人际友谊，并形成一种特定的社会文化与社会精神，又能丰富人们的现实社会生活，扩大人际互动的空间。因此，除了虚拟社区位于广大的电子空间前沿这个事实以外，它并非如中国文化中的"虚拟"即"虚假"的含义。同时，人们之所以突出虚拟社区的虚拟性，在于它是对现实社会的模拟与延伸，在于它提供了人类工作与生活的"另类空间"。

（二）虚拟社区的开放性

虚拟社区在短短的时间里得到迅猛发展，是因为它具有把世界"一网打尽"的能力。在横向上，国家间、地区间的距离因虚拟社区的互联而不复存在；在纵向上，历史、种族、信仰将被逐渐淡化；不同文化背景、不同语言的人们能够聚集在一起实时地、"面对面"地互动。这不仅减少了人际交往和信息获取的成本，也延伸了人类活动的范围。因此，虚拟社区的跨地域性，是它与现实社区最重要区别之一。虚拟社区跨地域性有两层含义：一是指进入社区的人们可以跨越地理位置的限制；二是指虚拟社区自身形态不具备区位性特征，人们能够从虚拟社区进入整个网络世界。

现实社区通常强调地域环境的影响，其社区形态都存在于一定的地理空间中。社区规模的大小，社区的分类往往以所处的地域为依据。在现实社会中，社区居民有明显的共居地，一个人很难同属于几个不同区域的社区（这里仅指地域上的社区）。所以，现实社区实际上是居住在同一地域内的人们依据共同的生存需要，共同的文化、共同的风俗、共同的利益以及共同关心的问题发生互动而形成的地域性"共同体"。虚拟社区则不然，其存在"空间"是无形的，而且还跨越了地理上的限制。走进网络世界里的人们，无论在什么位置，无论"身居"何处都不影响社区的构成；而影响社区构成的是人群、人对社区的感情、对社区中人的认同等。虚拟社区并非一种空间组织形态，而是一种社会实存。其成员可能散布于世界各地，一个人也可以超越空间的障碍生活在好几个网上社区里。但这并不是说虚拟社区就没有边疆，而是它的电子边疆有别于现实社区的地域观念，或者说改变了现实社区的地缘关系结构。虚拟社区尽管不如现实的物理空间那样有实体性和可感知性，不具有外在的可触摸和可察觉的时空位置与形态，但它是一种客观存在。这种"存在"超越了我们日常思维对它的理解，因为它把人们从二维空间拉到了三维空间，人们进入"社区"不再依靠双脚，而是依靠双手通过电话线和计算机网络来实现。我们不能因为虚拟社区没有物理上的体积与形状就否定它的存在，就像我们不能因为触摸不到空气就否定空气的存在一样。我们需要改变传统的思维方式来认识和把握这个崭新的网络世界，需要赋予时间、空间、场所新的含义。正如人们已经开始认识到：跨越时空的虚拟社区正在使现实世界放大或变小；同时，它也正在营造人们之作为地球人或世界公民的土壤与环境。

（三）虚拟社区功能结构的独特性

传统社区一般包含着血缘、地缘和业缘三重要素，而虚拟社区却由"网缘"而生。人们通过网络，根据自身的兴趣、偏好和价值取向交换信息、传导知识、宣泄情感。这种"因网结缘"和"以网结缘"的联系与连接方式，就是"网缘"。"网缘"是当今传媒使用频度很高的概念，也是虚拟社区赖以构成的基本因素。网络不会把人们捆绑在一起，只会让人们根据文化的、政治的、宗教的或经济的共同性，根据人们的心理需求、价值观等，自由地组合在一起。在此意义上，虚拟社区与社会学上的"精神社区"有些相似之处。著名社会学家英克尔斯认为，"精神社区指的是这样的社区，它的共同成员建立在价值、起源或信仰等精神纽带之上。"但是，虚拟社区与精神社区也存着区别。精神社区主要是依从于现实社区而存在的社会群落。而虚拟社区中的成员没有现实意义上的共居地，但对某些社区而言，却有标识明显的成员感和归属感。而这种"标识"明确意义在于：虚拟社区具有超越时空和现实社会等级身份的功能。因此，它在结构上迥异于现实社区：一是扁平化的网状与块状结构。由于传统社区依赖于血缘、地缘或业缘而存在。因此在其结构与功能的表现上，或以尊卑长幼、或以远近亲疏、或以势力大小划分成以最高权威为核心的等距离同心圆状层次结构。虚拟社区则不然，其成员仅仅是依据"网缘"这种高度自由的投票表决机制相互连结，既无明确的核心，也无严格的等级关系和核心权威，其结构表现为扁平化的网状与块状结构。二是虚拟社区的高度专业化。传统社区的空间结构具有相对封闭性和凝固性。因此，社区内核的内容具有相当明显的综合性，即功能的复合性。相对而言，虚拟社区却因"网缘"的作用而使其社区成员拥有较大选择余地。而正是这种自由的选择性，使虚拟社区在其功能上更着重地表现出专业性和单一性。三是人群流动频繁的空间。虚拟社区具有论坛、聊天、学习、娱乐、购物等多种功能，人们完全可以根据自己的需要在不同的社区间自由流动。网络的互联性和开放性使任何一个网上社区成员自主性流动的权力大于他在现实社区的权力。如果对社区服务不满或对社区中某些成员、言论不认同，成员可以随时离开。这种现象，有时甚至会演变为整个社区的人员全部流出，导致社区消亡。虚拟社区成员高流动率的原因，一方面源于社区成员兴趣、学习、情感交流等内在需求，另一方面则因为不受现实社会职业、身份、居住地和性别的限制。网络的发展正在表明，数字化生存之所以能让我们的未来不同于现在，完全是因为它容易进入、具备流动性以及它引发变迁的能力。虚拟社区人员流动虽然表面上无序，但它仍然受到各个虚拟社区规范和多种语言运用能力的限制，同时还受到国家、政府安全需要的各种限制等。当然，一般而言，只要掌握了语言就拥有了自由流动的权利。

第二节　社群、社区与社交

一、社区与社群

在前文，本书并没有对社区、社群进行有效区分，其实在英语的表达中，Community 这个词语在汉语里就有"社群""社区"和"共同体"三种译法。实际上，这个词的词根是"共同"（Common），这是这个词语含义的关键所在。如果要做仔细区分的话，"社群""社区"和"共同体"这三个词语在内含上是有区别的。"社群"一词的着重点是具有"共同点"的人群（如居住在共同的区域，具有共同的语言、观念或信仰等），"社区"着重的是一群人共同居住的（地理上的）"区域"或"位置"，而"共同体"着重的是某些具有"共同利益"的人群。因此，既要注意到"Community"的基本含义中所包含着的"共同性"，也要注意到这种"共同性"在实际内涵上的差异。

从文化研究的角度来看，真正具有理论意义的是不同"社群"之间在"共同性"方面的差异。英国文化理论家雷蒙德·威廉斯（Raymond Williams）① 认为 Community 这个词语的复杂性总是与历史上各种

① Williams, M. (2006), "Policing & Cybersociety: The Maturation of Regulation within an Online Community", Policing & Society, 17: 1, pp. 59 – 82.

思潮的复杂性相互关联的，用它来描述一组现存关系或另一组现存关系，比起"国家""民族"和"社会"这些表示群体的词语来，不具有负面的或否定的含义。例如，在威廉斯看来，"社群政治"不仅不同于"国家政治"，而且也不同于形式上的"地方政治"，它通常包含了各种不同的直接行动、直接的地方组织、"直接与百姓工作"。他认为，在"共有"的意义上，"社群"往往又与"秩序""阶层""普通"等意义有关系。威廉斯对"社群政治"的强调，与他重视创造民主文化的思想有关。威廉斯的"社群"理论对 20 世纪 80 年代的"社群主义"（Communitarianism）产生过重要影响。社群主义是在批评新自由主义（尤其是其代表人物约翰·罗尔斯（John Rawls）的《正义论》（*A Theory of Justice*）的过程中产生的，它与新自由主义形成了当代西方政治哲学中两种相互对立的理论①。社群主义强调社群之间的联系、环境的影响和文化传统的积极价值，试图论证社群之共同利益的理论基础，批判自由主义理论所造成的个人主义的极端倾向，其主要代表人物有查尔斯·泰勒（Charles Taylor）、迈克尔·沃尔泽（Michael Walzer）、迈克尔·桑德尔（Michael Sandel）。他们对罗尔斯自由主义理论的批判，主要集中在罗尔斯认为人的本质是某种原子式的个人主义理论之上。罗尔斯认为个人可以理性地选择自己的偏好，而社群主义者则认为人应该归属于某个社群才具有其意义，群体的价值或利益高于个人的价值和利益，应当重视的是大多数人的意志，而不是个人的意志。他们强调"共同的善"、社会责任和传统道德，甚至强调"草根"（Grass Roots）阶层的意义与价值，把它们当作道德建构的理想。社群主义与自由主义之间的论争，成了当今西方政治哲学中最为重要的论争之一。

除此之外，也有一些学者如威廉·拉勃夫（William Labov）从语言学研究入手，认为语言在文化与社会的"社群"建构方面起着重要的

---

① 俞可平．社群主义［M］．北京：中国社会科学出版社，1998：123 – 124.

作用，并且提出了"言说的共同体"（Speech Community）的概念，即在共同的社会、文化规范和价值的基础上参与交流活动的言说者，而那些规范和价值在实际上引导、规范和调节着他们的各种实践活动。他们认为，言说共同体内的人们进行交流的基础不是地理、国家、宗教等方面的共同性，而是共同具有的一整套规范、地方知识、信仰和价值观，这对于理解一个共同体的认同来说，是至关重要的。他们非常关注从日常生活和礼仪中去研究言说共同体的形成与建构，关注单一语言的形式结构的严格性和内在的同质性，因为它们对有效交流来说是必不可少的。但是，在现代社会，由于迁徙和"散居"（Diaspora）现象的大量出现，一些毫无共同社会和文化联系的人们进入言说共同体，经常有可能导致文化冲突的产生。

还有研究者（如 Iris Marion Young)）对社群理论提出了怀疑和反驳，认为社群的理想否定了差异，是无法接受的乌托邦，在全球化造成的乡村和工业社区的加速消失过程中，强调"差异政治"更具有实际意义。还有人如多琳·马西（Doreen Massey）提出，"社群"或"社区"具有"内在结构"，在认同上具有多重性，具有分化的特殊性，因而反对把"社群"当作一个本质论的概念。

二、社群、社区和社交的区别与联系

说到社群和社区就不得不提"社交"，社交好比一把尺子主要是来衡量社群与社区的区别。简单来说，社区是因为某个点把我们连接在一起了，但是我们并不一定深入发生关系，属于相对浅度的社交；而社群则是因为一个或者多个点把我们连接在一起了，我们被彼此的气质打动，深入发生了关系，具备了社群的某些特征。以具体的实例来说就是，你买了某手机，然后你进入某某手机社区，此时你跟其他用户的唯一关系和连接点只是你们共同购买了此款手机，这一群购买了同一款手机的人组成了社区，然后在这个社区里，有一群人喜欢玩游戏，就组成游戏群组，探讨游戏攻略；而有一群人喜欢看电影，便组成电影群组，讨论点评电影。

社群和社区相比，用户拥有更强的归属感，更活跃，互动频率更高，UGC 输出质量更高更多，但是传播慢，所以一般社区里面都叫游戏资源组、电影资源组，引导用户将 UGC 内容输出到社区里面来。虽然从上面的例子看来，似乎社群只是生长在社区下面，但实际上社区和社群是双向的，可以先是从某种产品形态的社区下面分裂出社群，也可以由一个或多个社群聚合发展出某种产品形态的社区。

图 2-1 是社群与社区直观的比较，可以看出，社群更像是社区的升级版或者是加强版。人类社会的连接关系按照联系的社会基础可以划分为血缘（亲戚）、地缘（老乡）、学缘（同学）、业缘（职业）和趣缘（兴趣）等，其中前几个关系属于强联系，趣缘则往往是弱关系，但经过社群的发展，有可能强化为强联系。从这个意义上，社区主要是趣缘群体，而社群则可能囊括以上五种联系基础，另外，社区更像是散点分布，而社群则是一种关系网络。如果从关系连接的角度，社区是一种弱联系，社群是一种强联系。

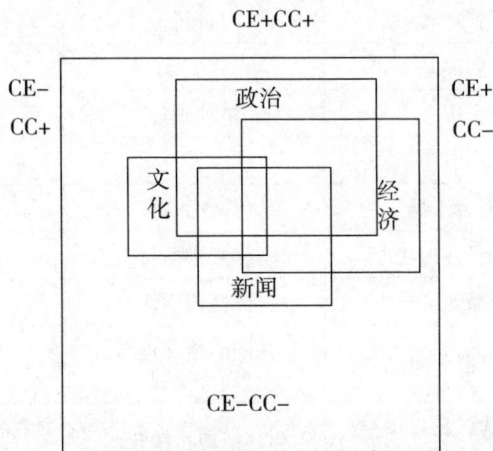

图 2-1 社区与社群之间的差异

由于这种联系的存在，社区更多在意的是数量而不是质量；而社群在意的是质量而不是数量。

根据相关研究者对社群、社区和社交研究的比较，大致可以总结出三者以下的差异。如表 2-1 所示。

表 2-1 社群、社区和社交三者的差异比较表

	社区	社群	社交
性质	一群人同做一件事	一群人做着不同的事	两个人一起做一件事
本质	内容	价值观	关系
内容	无定向性	集中	定向性
输出	无特定	有群体	一对一
用户	数量	两者	质量
互动	关注认可	交叉连接	好友交流
场景	为某一标签聚集	连接并协作	建立和维护关系
产品	主题性强	可有可无	无序
情感	参与感	归属感	存在感
管理	集权化	制度化	自由化
维系	兴趣	信用	人品
运营	管理者	自运行	个人
关系	弱关系	强关系	半熟人
特点	去中心	精神领袖	无
模型	点	面	线
人群特征	缩合人群	共性人群	综合人群
构建类型	选择性构建	靠规则运行	自由展现
传播速度	传播速度慢	传播速度快	传播速度快
最终目的	人以群分而已	共同的精神追求和价值观	突出自我展现个人魅力
举例	我不认识我，我不认识你	你和他现在跟我混	我和你很熟，我们是好朋友
总结	活着	一起活	如何活

　　基于以上的分析，笔者所要研究的社群是指基于共同的认识、持续的讨论和信息的共享，通过人际关系（血缘、地缘、业缘、学缘和趣缘）而在虚拟社交平台自发地形成，具有一定的边界性、共同的价值基础和稳定的社群结构的自在群体。从要素上来看，社群的形成主要包括网络空间、核心价值与目标、参与者与社群关系、行为规范与准则四方面。这里面笔者主要强调的社群具有的特征，一是社群必须是基于社会关系而产生，对社群营销、社群运营和商业行为，笔者并不认为是属于社群的范围，因为不是自在的；二是社群既有开放性更有封闭性，是有边界的；三是社群必须有公共的价值基础和稳定的关系结构，不能出现大规模的成员流出和流入的组织非正常成长的现象；四是社群是群体而不是组织，其具有自组织性和耗散结构特征，笔者认为相较于传统的BBS、贴吧等虚拟社区，社群更加具有紧密型和自主性，比较典型的社群是微信群。从本质上看，社群是一种由具有共同目标、兴趣、价值与目标的参与者通过网络空间进行互动与分享，逐渐建立起超越线下关系的新型人际关系。

第三章

社群与场域

　　之所以使用场域理论作为整体研究的理论工具和研究视角，主要考虑到从整个社会科学的发展进程来看，社会科学研究的偏好已经从"实体概念"转向"关系概念"，从抽象分类法转为发生建构法，在这整个范式的转变过程中，场域理论无疑是这一系列理论中的"翘楚"，场域理论系统地探讨了"关系概念"的一系列问题，给出了一系列的概念作为工具来重新审视社会科学的研究范式，因此选择该理论作为研究的工具。

第一节　场域理论及其主要观点

一、"场"的提出及演变

　　场域并非是一个新的概念，场论最早来源于物理学，场概念首先是由英国电磁学家法拉第提出，后来在物理学中又出了电场、磁场和电磁场等概念，"场"这一概念的提出具有重大科学价值和哲学意义，它为人们提供了一种不通过接触而产生相互作用的物理模型，也使人们认识到自然界的物质有两种存在形态——实物粒子和场。随着人们对场的客观实在性以及其他本质属性认识的深入，场概念的使用范围远远地超出了电磁学领域，不断地向自然科学的各学科，甚至向社会科学、哲学的许多学科领域渗透、扩展，于是出现了众多的场概念，如社会场、舆论场等概念。

最早将场的概念引入社会科学视域的是格式塔心理学的先驱科勒在解释完形理论发生机制时借鉴和引用的，其学生勒温继承了其思想并进一步发展为心理场论，其借用物理学场的观念把场论当成一种分析和处理问题的方法，认为影响个体的场不应以"实体物理学"的术语来描述，而应用个体在某时间所处的场这样一种方法来描述①。美国系统科学家拉兹洛将"场"扩大化，把它变成旨在包括物理、生物乃至人类社会在内的整个世界进化的一般法则，这个法则被称为"编码准则"，并认为这套"编码准则"也适用于社会的发展变化，对社会也同样起着定序作用。

在社会学上，"场"在社会学中的使用，似乎更多地与所要分析的社会现象相联系。迪尔凯姆是较早使用"场"概念的大师，他认为任何事物都必须在一定的场中存在，一切社会过程的起源都必须从这种场的结构中去寻找，场是事物发生的起源。那么社会既是自然界的产物，它应具有自然界场原理的特性，它的运动发展最终原因同样是场力作用的结果。社会是个场，构成社会结构体系的经济、政治、文化、道德、教育等均是社会场的场态物质，它们以自己的特殊运作方式形成各自的场环境，彼此相互联系、相互作用。梅洛－庞蒂、萨特也在著作中使用过场论的概念，到了皮埃尔·布尔迪厄那里时，场（域）理论达到了成熟阶段。

---

① 张小军. 社会场论［M］. 北京：团结出版社，1991：84－85.

二、布尔迪厄的场域理论及其主要观点

1966 年布尔迪厄在《论知识分子场及其创造性规划》中最早使用了场的概念，随着其研究成果的丰厚，这一概念也在他的著述中不断发展和完善。布尔迪厄认为，在当代社会高度分化的情况下，整个社会便成为一个个具有相对自主性的社会小世界，而这些小世界本身是具有自身逻辑和存在必然性的客观关系的真实空间，所谓的小世界就是一个一个的场域。在布尔迪厄看来，场域可以被界定为在各种位置之间存在客观关系的网络（Network）或架构（Configuration）。"正是在这些位置的存在和他们强加于占据特定位置的行动者或机构之上的决定性因素之中，这些位置得到了客观的界定，其根据是这些位置在不同类型的权利或资本（占有这些权利就意味着把持了在这一场域中利害攸关的专门利润的得益权）的分配结构中实际的和潜在的处境，以及它们与其他位置之间的客观关系（支配关系、屈从关系、结构上的同源关系等）。"①

在布尔迪厄看来，场域是一个相对独立的网络空间，它具有如下特征。

第一，场域是一个关系的网络空间。场域中布满了各种关系束，这些关系束就像磁场中的磁力线一样作用于其中的主体。场域是"诸种客观力量被调整定型的一个体系（其方式很像磁场），是被某种赋予了特定引力的关系构型，这种引力被强加在所有进入该场域的客体和行动者身上。"② 布尔迪厄认为，现实社会一是建构在关系基础之上，这种关系不是传统意义上的关系，二是马克思所谓的"独立于个人意识和

---

① ［法］布尔迪厄等. 实践与反思——反思社会学导引［M］. 李猛等译. 中央编译出版社，2004：137－138.
② ［法］布尔迪厄等. 实践与反思——反思社会学导引［M］. 李猛等译. 中央编译出版社，2004：138.

个人意志"不以人的意志为转移的客观社会关系。因此，布尔迪厄的场域概念是建构在关系基础上的概念，利用场域概念本身就是从关系的角度进行思考的过程。布尔迪厄的场域概念所体现的关系性思维是对古希腊哲学至现代西方哲学结构主义实体性思维方式的颠覆或反叛。

第二，场域是一个相对独立或半自主的社会空间。布尔迪厄认为，场域是一种社会空间、意义空间，"我们可以把场域设想为一个空间，在这个空间里，场域的效果得以发挥，并且，由于这种效果的存在，对任何与这个空间有所关联的对象，都不能仅凭所研究对象的内在特质予以解释"①。布尔迪厄认为，场域是一种相对独立性的社会空间，这种独立性是各场域存在的基础，也是区分不同场域的"质的规定"。场域相对独立性表现为每一个场域都有自己独特的逻辑、常规和规则。但这种自主性是相对的，没有彻底的自主场域。一是因为分化的不完全，任何一个场域说到底都受到"元场域"——即权力场、经济场和文化场——的制约，离不开社会这个大的背景而孤立地存在；二是逆分化的产生，所谓逆分化，指场域在分化后一种反分化方向的运动，是场域间的"分融"——场域在发生分裂过程中其他场域部分性融入并在这一过程中发挥作用。之所以是相对独立的还在于场域的界限不是绝对清晰的。"场域的界限问题是一个非常难以回答的问题"，在布尔迪厄的著作中对场域的界定也比较模糊，"场域的界线位于场域效果停止作用的地方"。而效果停止作用的地方是很难确定的，场域的界线是由场域自身决定的，没有先验的答案。

第三，场域是一个时刻充满着力量关系对抗的空间。因为每个社会活动的参加者都是以自身异质性的属性参与，这种异质性首先表现在每

---

① ［法］布尔迪厄等. 实践与反思——反思社会学导引［M］. 李猛等译. 中央编译出版社，2004：138.

个个体拥有不同质或量的资本。布尔迪厄由此提出了资本（Capital）这一概念："在场域中活跃的力量是那些用来定义各种'资本'的东西。"① 每个场域都有自己特有的资本，比如在经济场域是经济资本，政治场域是政治资本，文化场域是文化资本，等等。资本在场域中不是平均分配的，是社会活动个体先赋的，带入进场域的，具有天然的不平等性，再加上资本本身是一种排他性资源，因此不同类型、不同数量的资本分布结构一定程度上体现着社会的资源和权力结构，这种资本的不平均决定了竞争活动的不平等。场域中的每个主体都在为争夺更多的资本而相互竞争，引发冲突。布尔迪厄认为场域内部时刻存在着各种活动的力量，力量之间的不平衡性使得场域内部时刻充斥着争夺，"这些争夺旨在继续或变更场域中这些力量的构型"②。场域因行为者这种不断争夺活动而变得有意义。但场域作为位置空间的结构并不是一成不变的，它是一个永恒斗争的场所。每个获准进入场域的行动者必然受到场域逻辑的压力，也就是会认同场域的游戏规则，这就是所谓入场费；但是，每个行动者都程度不同地谋求获得更多的资本，从而获得支配性位置。社会活动行动个体旨在生产有价值的符号商品，商品价值的赋值研判取决于场域本身的供需关系，也决定于符号生产者所拥有的符号资本的总量和构成，最后有些符号商品被接纳而有的被淘汰。这样经过优胜劣汰的选择，胜利者可以获得制定场域的合法定义的垄断权力，产生所谓的"符号暴力"。从某种意义上说，场域的最本质特征就是行动者争夺有价值的支配性资源的空间场所，"场"是力量凝聚的所在，被各种权力或资本（政治、经济和文化等）占据着不同的位置，场的结构恰是不同的权力或资本分布的空间。

---

① P. Bourdieu, L. D. Wacquant. An Invitation to Reflexive Sociology [M]. The University of Chicago Press, 1992: 13 – 16.

② ［法］布尔迪厄等. 实践与反思——反思社会学导引 [M]. 李猛等译. 北京：中央编译出版社，2004: 139.

第四，场域是一个共时态与历时态相交融的空间。主体因拥有不同的资本数量的结构而在场域中占据不同的位置或地位，从而形成了共时态的差异。差异成为主体斗争和冲突的动力，不同的主体维持或颠覆着场域，从而使场域具有不确定性，矛盾成为推动场域演变的动力，所有场域都是变动的，每次变动都使场域内的资源重新配置，尔后斗争又继续，如此反复不已，从而场域呈现历时态的特征。

在对以上场域概念和特点厘清的前提下，如何具体分析一个具象的场域呢？布尔迪厄在其著述中有详细的说明，其认为对一个具象场域的分析至少要有如下三个不可或缺的步骤和立足点。

首先，要分析场域所在的元场域中的相对位置。布尔迪厄认为虽然每个场域都有自己的独立性和自主性，但从关系主义的立场和视角，每个场域都不是孤立存在的，每个场域都存在于更高层次的、大的场域中，完全孤立和自主的场域是不存在的。广义层面上的元场域包括政治场域、经济场域、文化场域，这些元场域对存在于这个社会上的任何一个场域都具有或大或小的"元场效应"。

其次，要廓清和勾画出整个场域中的行动者所占据的位置之间的关系结构及其类别。在场域中，占据不同位置的行动者为了获得更多的资本和控制整个场域特有的合法形式的权威，不同行动者之间互相竞争，并在此基础上形成了各种不同形式的关系。某种意义上，场域内不同行动者占据着不同位置、掌控着不同量的资本，决定了该场域的特质和内部关系结构。布尔迪厄把资本分为三种基本的形式：社会资本、经济资本和文化资本①，各种资本在一定场景内又可以互相转化，而三种资本之间的关系、兑换及兑换率的问题，是透视社会空间结构和其中关系的

---

① ［法］布尔迪厄. 科学的社会用途——写给科学场的临场社会学［M］. 刘成富等译. 南京：南京大学出版社，2005：78－79.

最好维度①。

最后，要分析行动者个体或组织的"惯习"。惯习是布尔迪厄经常使用的概念，在布尔迪厄看来"惯习"是由沉淀于个人身体内的一系列历史的关系所构成，是社会行动者通过一定的积淀、以内在化的方式获得的社会知觉、评判和行动的各种身心图式，是一种社会化了的主观性。惯习概念的提出，为场域和个体之间搭建了桥梁，也使得场域的研究更具有动态性和具象性。场域塑造着个人的关系，惯习是场域在个体身上的社会属性烙印；同时，惯习在一定程度上改变着场域，惯习为场域赋予了感觉和价值，也使得场域具备了绚丽多彩的画面。

基于布尔迪厄对场域分析的步骤，本书借助布尔迪厄的分析视角和工具对网络事件的传播场域进行研究。

一是研究社群传播的元场域；二是研究社群传播场域的结构，既包括社群内部的权力关系与结构，也包括社群之间的协同与共振机制；三是研究社群传播场域中行动者的"惯习"，即社群内部的不同节点与动力机制。

"场域分析"提供了一种连接宏观—社会与微观—组织分析路径的分析框架，被其他学科的学者广泛地运用于其他学科视域下社会问题的探讨，正如布尔迪厄在获得法兰西学院院士的演讲时所说："社会科学提出的每一个命题都可以而且应该运用到社会学家自己身上。②"

① P. Bourdieu. Outline of a Theory of Practice [M]. Cambridge：Cambridge University Press，1977：112－115.

② ［法］布尔迪厄. 文化资本与社会炼金术［M］. 包亚明译. 上海：上海人民出版社，1997：126－127.

第二节　新闻场域及社群传播场域研究

一、布尔迪厄的新闻场域理论

布尔迪厄基于法国的新闻传播事实，并结合自己的场域理论，又提出了"新闻场域"的概念，该概念来源于布尔迪厄《关于电视》一书中对电视场、新闻场的研究中提出的，布尔迪厄说："这一概念虽然有点太专，但我还是不得不提出来。"他指出："新闻界是一个独立的小世界，有着自身的法则，但同时又为它在整个世界所处的位置所限制，受到其他小世界的牵制与推动。说新闻界是独立的，具有自身的法则，那是指人们不可能直接从外部因素去了解新闻界内部发生的一切。"①布尔迪厄认为新闻场与文学场或艺术场一样，也是纯文化的特殊逻辑的存在场所，但比科学场、艺术场甚至司法场更会受制于市场逻辑的裁决和考验，同时新闻场的控制力不断增强，对不同文化生产场的自主性构成威胁，基于此认识，布尔迪厄分析了以电视为首的大众传媒从民主的非凡工具突变为象征的压迫工具的途径：隐形的审查、信息流通的封闭性、现实的制造者、收视率的压力、紧急和快速的思维。布尔迪厄认为，在诸多社会场域中，新闻场尤为特别，它最多地受其他场域的影响，同时又最多地影响其他场域。随着电视象征力量的不断增强和竞争的日趋激烈，各电视台极尽犬儒主义之能事，纷纷追求轰动、奇特、耸人听闻的效果，且大获成功，致使形成了某种新闻观由此造成的后果就是政治的空白，即非政治化，将社会的生活转化为逸闻趣事和流言

---

① ［法］布尔迪厄. 关于电视［M］. 许钧译. 沈阳：辽宁教育出版社，2000：71.

蜚语。

罗德尼·本森①介绍了布尔迪厄的"场域理论"，他将新闻场域定位在其最为直接的环境中——文化生产的场域，文化生产的场域是权力场域的一部分，处于包罗各社会阶级的"统治极"（Dominant Pole）之中，并认为新闻场域属于文化生产场域中规模化生产场域，更靠近他律的经济和政治之极，并认为新闻场域除却他律与自主间的区分，新闻的场域（与所有其他的场域）是围绕"新"与"旧"的对立而建构的，是个动态的平衡系统，并在此基础上，研究了法国的新闻场域，认为电视将强大而"合法"的商业压力引入新闻场域的中心，从而将整个媒介场域从"知识分子极"拉向"商业极"，并认为"场域理论"已经成为当前媒介批判研究的新范式。

场域理论将媒介场域放置在与更大的权力场域的关联中解释外部力量是如何转化（Translate）到媒介场域半自主的逻辑中，并对媒介场域内部不同行动主体的关系和结构进行有效阐释提供了独特的视角，也为我们提供了"建构中的结构"和"结构中的建构"的双向思维结构模式。

二、国内关于新闻场域的研究及观点

国内新闻传播领域将场域理论尤其是新闻场域理论用于新闻传播研究的还很少，笔者在中国期刊网新闻与传播专业领域，以"场域"为关键词，得出相关期刊论文 65 篇，大多数研究还处在介绍场域或新闻场域理论的阶段，有一些论文从媒介自身的特性出发进行研究，有一定的借鉴意义和价值。

---

① 罗德尼·本森. 比较语境中的场域理论：媒介研究的新范式 [J]. 新闻与传播研究，2003（1）：2 - 5.

丁莉①在考察了布尔迪厄的场域理论基础上，给出了媒介场域的概念，认为媒介场域是指以规模生产的大众传播媒介（如电台、电视台、报社等）为主体、由与新闻传播活动有直接利害关系的各方机构和个人组成的相对独立的遵循自身独特逻辑和规律运转的客观关系网络，是社会场域中的一个特殊场域，并提出了媒介场域具有关系性、相对独立性、斗争性、中介性、低自主性、场效应等特征。根据场域定义对媒介场域进行概念的厘清无疑具有一定的借鉴价值，但在丁莉的定义中看不到日益勃兴的互联网的身影，具有概念范畴过窄、重要主体缺失的局限性。

还有的学者借助场域理论进行媒介批判。郑坚②认为在全球化、市场化、城市化的情境中，由各种传媒样式塑造了一种后现代的小资形象，他们正逐渐形成一种新的文化场域和身份想象类似的文章还有黄良奇的《媒介在娱乐化场域中对女性形象的建构》、熊芳芳的《和谐社会话语场域下的新闻采访技术初探》等。这类研究仅借鉴了场域的概念，对文化场域并未进行太多的探讨，甚至个别研究对场域的概念理解尚存在偏颇之处。

总体来看，目前新闻传播研究领域对媒介场域的研究还处于起步引入和嫁接实验阶段，对媒介场域的概念的厘清、场域在别的研究领域的应用还处于模糊阶段，而就网络环境下媒介场域尤其是网络传播场域的研究目前还是空白。这也是本研究想要解决和回答的问题之一。

笔者认为社群传播空间也是一个相对自主化的场域存在。不同的行动者或组织由于自身的异质性属性，天然地将各类资本带入场域，场域的位置不同程度的是先赋的，但场域内部主体时刻处在竞争状态。借鉴布尔迪厄的新闻场域理论，前网络时代，传统大众新闻媒体受到政治、

① 丁莉. 媒介场域：社会中的一个特殊场域 [J]. 青年记者，2009 (16)：65-66.
② 郑坚. 当代传媒场域中的"小资"文化解析 [J]. 当代传播，2008 (1)：49-50.

经济、文化元场域的影响，新闻场域受到政治场域的影响最大，其次是经济场域，媒体为了生存必须依靠发行量、收视率等来撷取尽量多的经济资本；新闻业属于大规模的文化生产行为，因此受到文化场域一定的影响，四者有机地组成了中国权力场域景观（见图3-1）。

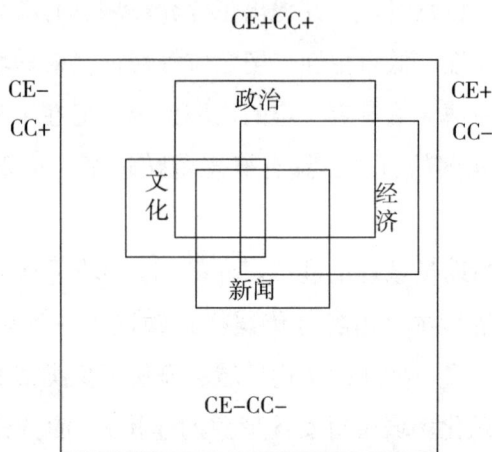

CE+CC+

CE-
CC+

政治

CE+
CC-

文化

经
济

新闻

CE-CC-

图3-1 前社群时代的中国权力场域景观

注：图中"CE"表示"经济资本"，"CC"表示"文化资本"，"+"表示"增加""-"表示"减少"。

社群时代的来临，社群作为一种结构化的场域空间，改变了中国传统的权力场域景观。

首先，社群场域使所有元场域的经济资本和文化资本均出现了减少。社群场域让所有的场域所拥有的资本总量均拿出一部分"让渡"给社群场域，作为一种场域内嵌到中国权力场域中来，塑造了网络时代独特的中国权力场域景观。总体来看，政治、经济、文化等元场域因为社群场域的嵌入，让渡了一部分资本，因此其掌握的经济资本和文化资本均有所下降，从图3-2可以看出，原来的政治场域、经济场域和文化场域均出现了向下和向左移动。

CE+CC+

CE−
CC+

政治

CE+
CC−

社群

经济

文化

新闻

CE−CC−

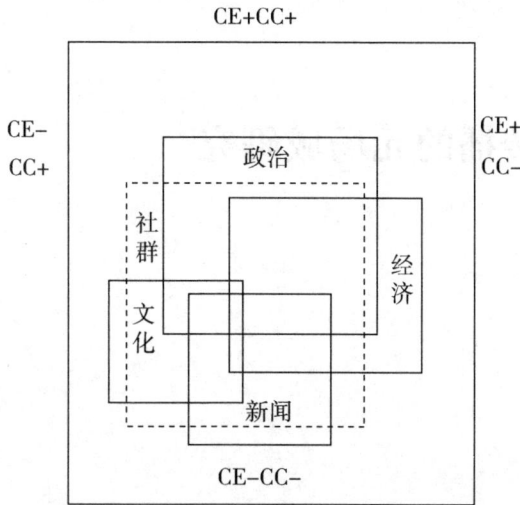

图 3 − 2 社群场域内嵌的中国权力场域景观

新闻场域一定程度上被网络场域所"吞噬",目前新闻生产行为很大程度上围绕网络场域而展开;文化场域被网络场域囊括,文化场域的很多文化行为都是在网络场域内展开和传播的;政治场域的行动者关系被网络场域所改造,网络场域拉平了政治场域传统的金字塔式的权力分布结构;经济场域中的经济行为一定程度上被嫁接和移植到网络场域进行,并一定程度上使网络场域吸附了更多的经济资本。

其次,社群场域增强了社会各场域内他律极的力量,使得各场域更加聚敛,从而使得整体社会场域结构更加稳定。

第四章

社群传播的元场域研究

第一节 社会大环境元场域分析

一、中等程度经济社会发展水平

实证研究证明，经济社会的发展与社会的有序和稳定并非呈直线关系，而是曲线关系。西方发达国家社会发展的经验表明：经济社会的低度发展一般不容易引发社会公共危机，因为整个社会没有过多的物质和制度资源可以分配，就像原始社会为了整个族群可以存活下来要使用平均分配制度一样；经济社会高度发展时，整个社会的资源和禀赋总量相对增多，社会制度设计相对完善，社会成员的主观满意度和平等感相对较高，因此，经济发展水平较高或较低的国家和地区社会都是相对比较稳定的。而经济发展水平介于两者之间，即中度发展水平，一般发生不稳定状况的概率却相对较高，中度发展水平的国家和地区，由于经济发展过快，社会制度设计尤其是社会资源分配制度的相对惰性，社会发展的福祉很大程度上被既得利益阶层所占有，而社会经济环境的改变，民众的文化水平一定程度得以提升，随之是民众的政治参与意识、权利意识、对国家和社会的发展预期也不断提升，而社会现实与社会预期之间的巨大张力使得社会民众容易产生很大的心理落差，比较容易通过相对极端方式如社会冲突、民意啸聚等方式来表达自己的社会存在和社会话语权。

二、经济社会的变迁速度过快

美国政治学家萨缪尔·亨廷顿（Huntington Samuel P.）①提出，现代性产生稳定，而现代化产生不稳定，这是有道理的。社会规范和价值观念属于上层建筑，具有惰性，往往和社会经济发展相比具有滞后性，经济社会的变迁速度过慢，社会经济基础和上层建筑的错位度不大，民众对社会具有自适性。经济社会变迁过快客观上很容易引起整个社会结构的失衡，在整个社会发展系统中，每个部分的变迁速度通常是不同步的，如果某一部分发展过快，就会引起其他部分与之的不适应、不协调，进而引起整个社会结构的失衡、失谐。另外，经济社会变迁速度过快客观上会导致社会规范和社会价值的庞杂多元化，而社会价值多元的背后是整个社会信仰的缺失，社会个体真伪难辨，很容易导致社会核心价值的迷失，进而导致整个社会的迷失；经济社会变迁过快使得社会现实存在中不断出现新的社会事实和社会行为，社会无法及时消解和诠释这些现象，缺乏社会规范的界定和理想信念的支撑，整个社会很容易处于一定失序和失范状态，进而导致社会秩序混乱，社会个体的社会归属感缺失，因此，合理发展速度的经济社会变迁是整合社会秩序的前提。

---

① 亨廷顿. 文明的冲突与世界秩序的重建［M］. 周琪等译. 北京：新华出版社，2010：34.

三、经济社会发展的结构失衡

党的十一届三中全会以来，党和国家工作的重心转移到经济建设上来，改革开放之初的 10 余年，经济社会的发展为民众带来前所未有的实惠，但由于分配制度设计的滞后，经济的增长和部分社会群体福利水平的提高并未呈正相关发展，两者之间出现了"裂痕"，这种裂痕既有心理的也有实物的，从而使得部分社会群体承担的改革成本与改革收益不符。

四、基层社会控制弱化

改革开放以来，随着社会经济发展，原来依靠城乡二元化户籍制度将人口固定化的格局被弱化，人口流动的加剧使我国社会基层组织的社会控制力呈明显弱化趋势。有些地方基层干部政治素质和文化素质不高，作风不扎实，不能起到带领群众致富、维护社会安定的积极作用，反而成为危及政府形象的"抹黑者"，严重损害了党和政府的形象，引起群众不满。群众把这种不满情绪通过群体性事件转移到地方政府身上，把当地政府当作对立面，又进一步加剧了事态的扩大和发展。

五、社会代偿机制不健全

公民权益受到侵害而又得不到公正解决时，就要通过制度化的利益表达、沟通或协调渠道来寻求救济。但是一些部门或个别的基层干部往往出于求稳怕乱的心理或者是"政绩"、私利等考虑，隐瞒下情、掩盖矛盾、压制民意，使得困难群体的呼声不能及时反映到党委政府。于是群众只能通过"只有将事情闹大才能解决"的途径来使自身的利益诉求得到保障，这就是社会学里所讲的"弱者的武器"的概念，即弱势一方通过既有的正规途径，比如诉讼、信访、请愿等，无法达致自己的诉求，无法与强者抗衡，转而寻求其他极端手段。要充分发挥网络作为当下社会代偿机制的重要作用，由于中国社会目前处于深刻的转型期和利益调整波动较大的时期，社会公众的利益诉求多元化，但现实和期待的差距造成民众的浮躁化，进而引起民众情绪化的淤积，现实生活中能够使社会民众心理平衡的社会代偿机制相对不健全，网民能够宣泄情绪和不满的渠道有限，从某种意义上说，网络目前承载着"社会安全阀"的功能，这个功能一旦再被弱化，社会民众便会以更加极端化的"表达方式"来作为其社会心理代偿的"替身"。无论如何，虚拟社会的发泄性代偿行为，总比现实社会的线下极端行为要弱得多。

根据以上的分析，笔者对目前我国社会结构的整体分析和把握主要从两个角度和层面分析，一是纵向角度，不同社会阶层的生态位及其排序情况；二是横向角度，不同社会族群、社会群体之间的勾连关系情况。从纵向结构上看，中国社会目前处于倒丁字型社会结构。著名社会学家李强采用国际社会经济地位指数的方法分析我国的"五普"数据，发现我国社会结构从改革开放前较为稳定的正金字塔式的社会结构已经转变为处于结构紧张的倒丁字型社会结构（Inverted T – Shaped Social Structure)①。美国社会学家康豪瑟认为一个正常的社会结构应该是三层的：政治精英—中层组织—民众，他认为中层组织的主要功能在于：保护民众免受政治精英的操纵和控制；防止政治精英的决策直接为大众压力所左右；对精英政治进行组织化和民主化控制；提供交往和讨论的平台从而使民众对现实的感知更为真切；中层组织的多样性导致利益和认同感的多样化，从而降低民众被大量动员到一个运动中去的可能。

而从横向层面上看，随着改革开放的稳步推进，我国的社会结构从过去的巨型、"钢板一块"的群体，分化为多元利益群体；从改革开放以前的"整体型的社会聚合体"演变为今天的"碎片化"的多元利益群体。从现实的社会状况看，20世纪90年代以来，农村农民为占地、

---

① 李强．"丁字型"社会结构与"结构紧张"［J］．社会学研究，2005（2）：55 – 60.

征地、土地纠纷；城乡工人为工资、劳动福利、就业条件，城市居民为拆迁、住房等，发生的矛盾冲突事件不断增多。虽然这些矛盾都是局部的、小群体的、个体的，恰恰是印证了社会利益碎片化的趋势。社会群体的利益被分解和分散后，缓解了大规模社会冲突的可能性，但加剧了局部的、小群体的、个体的矛盾冲突事件，增加了社会结构的不稳定性和脆弱度，使个体化的冲突会出现得更为频繁，部分社会利益群体在承受社会压力的过程中不可避免地出现了"阵痛"反应，在网络上表现为社会民意的啸聚，在现实生活中表现为群体性突发事件。碎片化带来一个个断裂的社会族群，由于这些断裂的社会族群之间是"不通约"的，"你唱你的，我说我的"，彼此没有共同的话语体系，不是互相倾诉，而是戴着面具、先设性的刻板印象隔空喊话、互相质疑、互相辱骂乃至互相怨恨。

社会结构错位特征是中国社会科学院社会学研究所①发布的《当代中国社会结构》中指出目前中国社会结构落后于经济结构大约 15 年，当前中国的经济结构已进入工业化中期阶段，而社会结构指标还没有随着经济结构的转变而实现整体性转型，多数社会结构指标仍然处在工业化初期阶段。

第二节　社会民众心理元场域分析

如果说社会大环境的改变是社群传播宏观环境的元场域，那么社会民众的心理场域的不断变化与演化则是社群传播的微观环境的元场域。

---

① 中国社会科学院. 社会结构水准落后于经济发展 15 年［EB/OL］. http：// fzzx. sh. gov. cn/list. aspx？CID＝3209，2018－09－20.

一、网络化生存对人类心理产生普遍影响

麦克卢汉"媒介即信息"的论断强调的是媒介最主要的价值并不在于具象的内容，而在于媒介技术本身，因为媒介技术的基础性作用形塑了整个社会存在的方式，包括一定形式的社会行为方式、具像的社会结构和文化现象。"用电子时代的话来说，'媒介即信息'的意思是，一种全新的环境创造出来了。这一新环境的'内容'，是工业时代陈旧的机械化环境。"① 按照麦克卢汉的媒介理论，我们可以延伸"网络即信息，即人的延伸"，网络"摆出了这样一副姿态，它要把过去一切的媒介'解放'出来，当作自己的手段来使用，要把一切变成自己的内容"②。在这一意义上，网络作为媒介，已不仅仅是一种简单的工具存在，而在整个社会现实生活建构中发挥了重要作用，并在此基础上形塑了一个全新的、不同于以往任何形态的社会生活空间。目前，网络正以极其迅速的速度广泛地渗透到人们的日常生活的每一个角落，全方位地改变着人类社会的基本结构和面貌，并改变人们的思维方式、行为倾向、社区形态及自我认同能力。

对于当代人来说，网络就是宿命，正如数字之父尼葛洛庞帝（N. Negropont）所说的在今天"计算不再只和计算机相关，它决定着我们的生存"③。网络技术作为一种新的传媒技术，作为"座架"，"促逼"着人类只能以信息化的方式、在信息化的框架下来解蔽世界，从而产生了一种完全不同于工业时代的全新的社会活动场域和环境，即后现代的社会生态地景地貌。可以说，"网络空间与资讯技术，在根本上就和其

---

① M. 麦克卢汉. 理解媒介：论人的延伸［M］. 何道宽译. 北京：商务印书馆，2000：3-7.

② P. 莱文森. 数字麦克卢汉：信息化新纪元指南［M］. 何道宽译. 北京：社会科学文献出版社，2001：56.

③ N. 尼葛洛庞帝. 数字化生存［J］. 胡泳等译. 海口：海南出版社，1996：90.

他技术一样，是特定社会关系的揭显与设框，是牵涉人类生存条件的特殊模式"①。

二、网络技术范式形塑网络化逻辑

互联网带给整个人类社会最重要的意义在于网络作为对人类的社会生活最具有基础性的技术，形塑了一个全新的社会生活场域和社会环境。这是一种全然不同于以往农业社会和工业社会的新社会生活场域，与之相匹配，在这个全新的网络社会生活场域占据主导地位的是一种全新的后现代技术范式和后现代技术逻辑——网络化逻辑，目前正逐渐成为支配和控制人们的社会生活的基本逻辑。

虚拟化、数字化、流动和弹性、全球化以及个人化，是网络社会空间的基本逻辑②。而在这些逻辑中，占据支配地位的逻辑是流动性逻辑，可以这样认为网络社会是一个环绕着流动而建构起来的全新的社会形态，流动性是整个网络社会动力机制的核心动力，它使网络社会的信息流动和人际互动在实时的时间中接合，并支配着网络空间的信息流动和社会互动，从而形成一个流动性的全球社会，在这种全新的流动社会中，传统社会空间中时空被"虚化"乃至抽离，使得整个人类社会可以一定程度上脱开具体的地域，呈现出一种超越现实物理地点的因果关系的全新社会特性。

三、超文本话语表达方式改变话语权力逻辑

传播学大师麦克卢汉认为文字不仅是人类信息行为的基本媒介，而且是整个人类社会维系其价值观念和权力关系的基础，网络兴起尤其是

---

① 王志弘. 技术总结的人与自我：网际空间、分身组态和记忆装置 [J]. 资讯社会研究，2002（3）：34-36.

② 黄少华等. 网络社会学——学科定位与议题 [M]. 北京：中国社会科学出版社，2006：131.

网络超文本所体现的非线性特征，改变了传统书面文字具有围绕某一主题依循一定的路径不断延续的线性特征，成为网络社会逻辑生存的核心特征，正日益广泛而深刻地重塑着人们的价值观念和权力关系，改变着人们的思维方式、行为倾向、话语逻辑及自我认同①。

超文本从本质上否定了终极解释的存在，所有不同的解释都有其存在的空间和价值，各种解释之间不再像书面文字时代存在压制与服从的关系，话语霸权在超文本时代是没有任何市场的。在此基础上，超文本非线性空间加上人们在网络空间的身份流动，使得网络空间在本质上不存在话语权力，即其本质上是反阶层的。"线上权威的分布是模仿网际网络技术，因为它是去中心化的，在资讯流中没有中心权威。"② 不可否认，基于身份的阶层分化在网络空间中并没有完全消失，只是这种阶层分化不同现实社会中的阶层分化是建立在物理身份之上的，而是重新创造新的网络身份形式，人们根据"他人在网络世界中使用文字符号的品质能力技巧，以及由此所透露出来的资讯，而不是根据他人的社会和制度地位、性别和种族来判断对方所属的阶层，或对对方进行归类，或赋予对方在网络世界中的地位"③。因此，超文本话语表达方式在本质上改变了传统书面文字时代的话语权力格局，从宏观层面，则改变了整个社会规训方式的权力逻辑。

四、网络社群改变了人际互动和个体存在形式

工业化社会的兴起，导致人们之间的社会关系，如涂尔干所说的力机械团结转化为有机团结，人们之间的异质性增强，对其他人的信任感

---

① M. 麦克卢汉. 理解媒介：论人的延伸 [M]. 何道宽译. 北京：商务印书馆，2000：3–7.

② T. 乔登. 国际效力：网络空间与国际网络的文化与政治 [M]. 江敬之译. 台北：韦伯文化事业出版社，2001：115.

③ 李英明. 网络社会学 [M]. 台北：扬智文化事业股份有限公司，2000：116.

也随之降低。

网络已成为一种全方位改变人类社会生活空间的技术架构，网络无论在社会层面还是在个人层面都使人们从工业时代单调、机械和片面的生活中解放出来，使人们能有更多的机会和空间去了解、施展和塑造自己的潜能和兴趣；那些在现实中无法改变的先赋角色，如家庭出身、性别、外貌等，都可以在网络世界中轻易改变，人们在网络上的所有行为将更多地取决于自己的主动选择。

在网络空间，人们无须担心在现实空间中到处对身体的"规训权力"（disciplinary power）（至少主观上这么认为），网民在网络空间尽情地、自由地扮演各种"阿凡达"（avatar），随心所欲地展示自我，从而使自己的网络人格呈现出一种流动、多重、不确定和零散的面貌，换言之，网络空间的个人都具备明显的后现代特征的个性。另外，许多在现实社会中备受压抑的群体，经常借着网络来相互支持和凝聚力量，因此成员可以自信地在归属的团体中建立自我认同。

但网络具有一种内在的结构性风险，在虚拟社会中，对责任与义务的考量，就没有现实社会来得谨慎，它在拉近人们之间的空间距离的同时，也有可能造成人们之间的关系疏离，并有可能因此损害人们在现实世界中的面对面交往，使个人从真实世界中隐退。

第三节　中国网民心理元场域特征

高速传播的信息字节，承载了转型社会诸多现实——在社会结构转型背景下，多元混杂的、并且长期淤积的情绪亟须寻找一个话语的宣泄突破口。而在现实中，由于各方面的制约，难以表达自己的意愿，人们就会寻求空间。这就是心理学中代偿机制原理，社会代偿机制认为在现实生活中，一旦人们在追求某种东西而不得时，就不再去追求原来的对象了，而是试图"重新"设定一个对象来追求，而这个替身是可以追求得到的，这样，借它去造成一种"目的实现了"的假象，以满足自己的欲望。一定程度上网络成为中国网民宣泄情绪、寻找心理替代物实现心理代偿最为有效的场所和出口，在网络上以一种话语狂欢的方式寻求着心理释放。

不容否认，社会大众作为个体进入网络传播场域中来，参与网络场域传播行为，必然带入一些先赋性的社会资本包括其自身的社会心理，因此需要说明的是社会大众所具备的心理特质，作为线上行为的现实个体即网民都具备，并且在某些特质上更加彰显化，本节主要研究的是网民相较于社会大众所具备的特殊的心理特质，但绝不抹杀网民所具备的社会大众所拥有的普遍的心理特质。

在网上众语喧哗的群体，通常有更为特殊的人口学、心理学特征，据中国互联网络信息中心（CNNIC）发布的第 42 次《中国互联网络发展状况统计报告》显示，截至 2018 年 6 月，我国网民规模达 8.02 亿人，普及率为 57.7%，在网民群体中，29 岁以下的青少年年龄组占据了 49.7% 的比例，其中 20—29 岁的网民群体数量最大，占 27.9%，占网民总体的近 1/3①；同时，89.4% 的网民是大专以下文化程度，高中以下文化程度又占最大比重，接近 80%，即占到网民总体的 4/5……根据以上数据我们试着对这样一个群体进行特征形象的刻画和素描——平均年龄为 32.1 岁、平均月收入 3012.4 元、平均学历为高中学历、以学生为主要人群，可以看出，低龄化、学历偏低、低收入的人群是网民的主体。可以设想一下，现实生活中这类人群所具备的基本特征如何——作为网民主体的 90 后的年轻一代，学历偏低，社会历练和经验不足，

---

① 中国互联网络信息中心. 第 42 次中国互联网络发展状况统计报告，http：//tech. sina. com. cn/zt_ d/cnnic42/，2018－10－11.

从小到大都浸染在感性文化和快餐文化环境中，使得他们的情感更加脆弱、善变，变得敏感，外界些许的情感刺激就可能产生反弹极大的情感波动甚至情绪宣泄，其刺激—情感反应机制像巴普洛夫的应激机制一样迅速、直接。有研究者还系统地总结了网民所呈现出来的九大心理特征：第一，渴求新知；第二，猎奇探究；第三，彰显个性；第四，娱乐时尚；第五，减压宣泄；第六，跟风从众；第七，追求平等；第八，渴望创新；第九，自我实现①。笔者试着总结了几点当下网民的基本心理特征。

一、话语表达和社会参与需求强烈

改革开放以后，随着人们的基本生存需求得到保障和实质提升，同时民众的文化素养得到整体提升，话语表达功能相较于以往任何一个时期需求更为强烈，从小处说，老百姓希望将自己的喜怒哀乐、家长里短等"鸡零狗碎"的东西与别人共享（现代化和网络化带来的是个体存在的原子化，人们具有普遍的电子恐慌症和群体疏离感）；网络由于其隐匿性、相对表达自由等特性，网民自由表达和社会参与需求的愿望十分强烈，热衷于参与各种事件尤其是社会公共事件的讨论，这就不难解释为什么网络上动辄出现点击和回复超百万的网络民意的啸聚事件了。

强烈的话语表达和社会参与需求带来的现实是刚刚发表的一个自以为不错的社会事实或者观点，很快被滚滚的"网络口水"所吞没，因此有些人不得不标新立异、危言耸听，抓人眼球的社会事实可遇不可求，只能寻求观点的耸人听闻和一鸣惊人，否认一切的"解构性"行为更容易产生轰动效应，因此在网络话语表达中产生这样一种所谓的"行为艺术"——话语表达方式要"语不惊人死不休"，观点要新颖、叛逆、解构一切可解构的主流，政治上要激进，越是这样越容易得到网

---

① 毕宏音．网民心理特征分析［J］．社科纵横，2006（9）：38－39.

民的"眷顾"，这就是所谓的当下网民表达逻辑。

二、具有正义感和使命感

中国老百姓历来"不患寡而患不均"，而社会现实意义上的公平观与公众长期以来形成的思维定位产生的张力，以及在中国人深层的文化中存在着"侠"的基因，即所谓的"路见不平一声吼"，以上这些基因也被移植到网民的文化基因中来。面对环境污染、医疗教育、道德失范等问题，中国网民总自诩社会罪恶克星。

三、有主张，少论据

一些网民发表的言论非理性、情绪化色彩浓厚，有学者认为这些网民话语表达是低龄化的幼儿阶段是有道理的，网络这一新话语平台在带来全民狂欢和喧哗的背后是懵懂和不适。

部分网民一旦在网上遇到与自己现实中相似的事件时，在群体法不责众等心理暗示下，情绪会集中化宣泄出来，迅速引爆整个网络。网民在网络中不是靠分享事实来博得怜悯，而是以言论、观点等的方式寻求着情绪的宣泄突破口，要么是讨论严肃的社会公共话题；要么以"打酱油"风格介入无厘头事件，用无所指的话语抒发自己的压抑感。

四、言论感性化、情绪化

网民虽然重视言论，但言论更加感性化和情绪化，表现在以下方面：一是情感交流内容占重要地位，很多网民参与讨论的目的是进行情感交流和情绪宣泄，网络的匿名性使人们更无所顾忌地进行感情宣泄；二是网民之间讨论的话题转换频繁，思维时常处于发散状态，话题之间跳跃性大，时常穿插一些感性语言，表现出网民的情绪化特征；三是言论大多没有经过深思熟虑；四是语言整体呈现口语化、非逻辑化、情绪化的特点，使得讨论往往停留于较表面的层次。

五、群体极化效应明显，群体感染性强

在社会心理学研究中，群体心理一直是研究的重点，社会科学家［（佛里（A. Fouillie）与雷班（G. LeBon）为代笔）］早在 18 世纪末研究法国大革命时就发现，各种人一起行动的行为有着不同于单个人时的特征和结果，由此，这种行为开始被称为"Crowd Behavior"（群众行为），后经麦孤独修改为"Group Behavior"（团体行为）。1920 年，帕克在《科学社会学导论》一书中提出"Collective Mind"（集体心理）的概念。此后，将这种现象称为"Collective Behavior"（集群行为、集合行为或集聚行为），并被学术界约定俗成地沿袭了下来。古斯塔夫·勒庞在《乌合之众》一书中认为"受众群体"在智力上总是弱于"孤立的个人"，"所有的群体无疑总是急躁而冲动的"，并且个人的意见在群体中还会"易受暗示和轻信"，在情绪上也会显得"夸张"和"单纯"，在行为上还会"偏执、专横和保守"[1]。他还认为集合行为是人们情绪感染的结果，群众的特征表现为有意识的人格已经消失，无意识的人格占据主导地位，情绪和观念的感染、暗示的影响使群众心理朝着某一方向发展并具有将暗示的观念立即转变为行动的倾向[2]。传播心理学相关理论认为互动的频度、密度与传播行为的非理性化有一定的正相关性。当人际群体置身于网络这个巨大的互动平台之中时，其表现与行为在网络交流的平等化、弱规范化、匿名化、多样化、自由化等因素的"催化""搅拌"下，那些既是传者又是受者的虚拟群体中的个体，在其传播过程中所表现出的非理性现象与行为同传统社会相比，更容易形

①　[法]古斯塔夫·勒庞. 乌合之众［M］. 冯克利译. 北京：中央编译出版社，2005：19，23 – 33.

②　郑杭生. 社会学概论新修（修订本）［M］. 北京：中国人民大学出版社，1994：185.

成群体行为，因此网络上动辄出现点击量超百万的群体事件和群体行为也就不足为奇了。

所谓群体极化（Group Polarization），是由美国当代法哲学家、芝加哥大学法学院讲座教授凯斯·桑斯坦在《网络共和国——网络社会中的民主问题》一书中提出，"群体极化的定义极其简单：团体成员一开始即有某些偏向，在商议后，人们朝偏向的方向继续移动，最后形成极端的观点"，"在网络和新的传播技术的领域里，志同道合的团体会彼此进行沟通讨论，到最后他们的想法和原先一样，只是形式上变得更极端了"①　有证据显示，在网上发生群体极化倾向的比例，是现实生活中面对面时的两倍多②。

六、"多数人的暴政"

话语的暴力仅是一种外在的暴力形式，在网络世界中，人肉搜索、网络推手等却大行其道，更有甚者，将线上的不满在线下进行宣泄，主要表现为两种行为方式：一是信息暴力，如通过言论、图片、邮件等传播威胁性、攻击性信息，论坛中带攻击性威胁性言论的帖子等都属于信息暴力；二是行为暴力，指超越网络空间而涉及现实生活的一些侮辱、攻击性行为和对于当事人个人隐私的侵犯。

在网络的话语宣泄中，网民感受到了道德缺位和游戏的双重狂欢，参与者容易产生一种唯恐天下不乱的心理，在陌生人社会频繁地实施"自我豁免权"——"仅我一个人这样做，对整个社会的危害是微小的，或者说既然无人知道危害由我造成，那么规范对我个人而言便是无效的"。当行为者可以随意解释他所奉行的伦理规范，并用来为自己辩

---

① 凯斯·桑斯坦.网络共和国——网络社会中的民主问题［M］.上海：上海人民出版社，2003：47.
② 凯斯·桑斯坦.网络共和国——网络社会中的民主问题［M］.上海：上海人民出版社，2003：51.

护时，那么不道德只是一种手段，而实质是"正义"的化身，因此"行为的我"并没有违反"道德的我"，"其实，我在论坛大搞概念上的欺骗，使劲地偷换概念骗得大家一愣一愣的。但是我有一点不同，就是我已经承认自己是在搞欺骗，正如一个魔术师承认自己是在作假，就不犯有诈骗罪"。

　　网络暴力存在的深层次的原因在于社会个体存在的原子化与社会一体化之间的张力所致。网络社会的形成与崛起，社会个体逐渐原子化存在，将整个社会分裂成本质上不可沟通的孤单碎片，人们变成一群孤独的存在者，现代性不断再生出个人的原子化、碎片化以及与社会的一体化的巨大矛盾，社会个体相较于以往任何一个时期更需要归属感，这种归属感在现实中找不到，转而渴求在虚拟世界中得到，于是出现了虚拟世界相较于现实世界中更为强烈的从众心理。从众心理是在个体与群体意见发生分歧的情况下，个体所具有的放弃自己的意见而顺从群体的压力，并让步于大多数人的一种心理倾向。从心理学的角度来讲，从众使得个体得到安全感的同时也有效地回避了责任，但没有鲜明的自主意识，也容易受到影响，尽管其动机与做派可能完全是理性的，但在网络群体非理性行为的裹胁之下亦无法控制。

　　因此，在网络环境和转型期双重背景下的"公众的狂欢是上瘾的、孤独的；愤怒是有名义、少证据的；情感是脆弱的、善变的、幼儿化的"①。

　　社会学家托马斯认为，一个人对情境的主观解释（或定义）会直接影响他的行为。这就是所谓的托马斯定理。笔者认为网络事件之所以频发并以网络公共事件的形式呈现，很大程度上与网民所定义的现实社会情景定义有关，因此本章主要为网络事件的研究提供社会存在坐标谱

---

　　① 胡百精.中国危机管理报告（2008—2009）［M］.北京：中国人民大学出版社，2009：7.

系，研究了转型期中国社会基本特征、转型期中国社会大众心理场域和当下网民心理特征，为网络事件的研究提供了宏大的叙事背景，初步把握了社会传播生产、发展和"喧嚣"于网络传播场域的"土壤"，为后面更好把握网络事件的传播机制提供了基本定位和文化地图。

第五章

社群群内与群际的传播机制研究

本章主要从社群内的传播机制和社群之间的互动机制两个角度展开阐述。

第一节　社群内部的传播机制研究

在前文的论述中提到了，不同的社群是基于不同的社会关系性质而建构起来的，有的是基于家庭关系（血缘）、老乡关系（地缘）、同学关系（学缘）、职业关系（业缘）以及最为虚拟的关系——兴趣爱好（趣缘）等勾连构建起来的，本节主要将以上几种社会关系为基础建构起来的社群进行比较分析，在此基础上构建社群内部信息传播机制，不可否认的是，社群的联系会基于信息的不断变化而进行动态演进的，本节主要从日常社群的社会交往和发生公共危机事件时社群交往的异常变化等两个方面来进行分析其内部复杂的传播结构及网络特征。

一、基于不同关系属性的社群内部关系网比较

（一）地缘社群的内部传播结构

1. 分析对象

本部分所选取的微信群群成员由某地级市中学考入 985 大学的在读学生和毕业校友组成，属于老乡群，总成员为 436 人。该群的主要特征包括有一定的现实社会关系作为支撑，群成员有较为接近的教育背景，话题讨论参与度较高，群成员年龄跨度大，讨论内容常常体现价值观冲突。

2. 数据处理过程

（1）抽样及时段

本部分采取立意抽样，选取群中集中进行话题讨论的时间段。该时间段群中有效互动较多，便于数据处理。数据收集的时间区域为 2017 年 4 月 5—27 日，共 23 天。微信群的数据储存于手机的内置和外置存储卡内，微信本身提供的数据导出服务。每个用户均有此权限。数据字段包括时间、节点账号名称、数量统计、状态（是否接受）、类型（系统消息、文本、视频、动画表情、图片和小视频等）、系统消息和文本内容。

（2）编码说明

将所截取的聊天记录中有明确接收对象的内容为一次有效交流，包括文字内容出现"@"的，以及从交流语境中判断出有明确接收对象的文字信息。一段交流中，若有一句话分作多条消息发送，记作一次交流。表情包、图片等不算在编码范围内，交流有方向，属于有向度网。

3. 社会网络图及分析

本书依据群中单个节点通过@功能或其他暗示与其他节点形成互动的两两关系构建节点之间的共现矩阵，输入 Gephi 0.8.2 软件绘制该群

的社会网络分析图，如图 5 - 1 所示。图 5 - 1 中线的粗细表示信息流动的频度，线条越粗表示信息流动的频度越高，反之越低。球的大小也反映了信息流动的频度，球越大表明信息交往越频繁，因此球越大则表明在网络中越活跃。

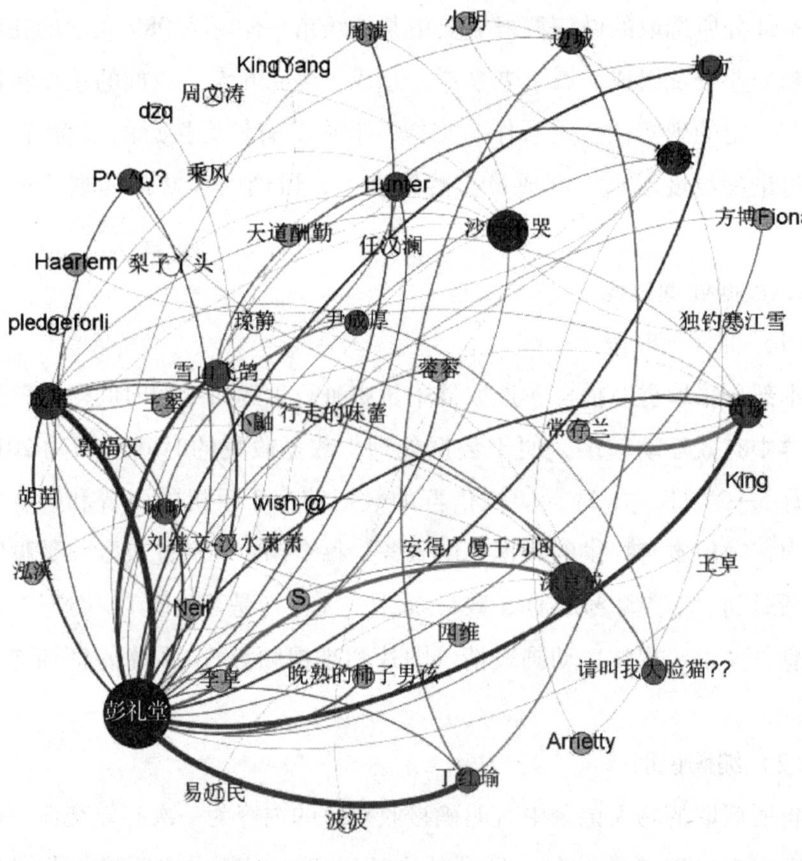

图 5 - 1　"985 老乡群"社会网络分析

从图 5 - 1 中可以看出，"彭礼堂"处于网络中最为活跃的位置，他是该群的群主，也是该群的发起者，为华中科技大学的教授。参与互动的大多数人均与"彭礼堂"之间有连线，整个微信群可以视作一个以"彭礼堂"为中心的圈群。

4. 地缘社群的基本结构特征

（1）选取时段微信群交流形式

表 5 – 1　"985 老乡群"交流形式及其占比

交流形式	百分比
文本	77.16%
照片壁纸	9.8%
动画表情	7.81%
网页链接	5.79%
视频	0.39%
语音	0.28%
名片	0.19%
地理位置	0.11%

　　所选时间段内，该群中前四位的沟通符号是文本、照片壁纸、动画表情和网页链接。其中图片和网页链接分享通常作为话题的引子出现，体现了微信群信息分享扩散的功能；图片信息是该微信群中重要的视觉符号；动画表情是微信群中重要的交流符号，发挥了表达情绪、抒发情感、活跃气氛的作用。较年轻化的成员构成可以解释较高的表情包使用频率。

　　（2）社会网络分析结果

　　选取时段微信群社交网络密度为 0.036，密度值较低，这一时段群中分散交流多，单个节点和其他节点的交流有限，主要的交流由中心性比较高的人控制。在群中，可以看出微信昵称为"彭礼堂"的用户

（也是该群群主）主导了大量讨论。值得注意的是，几个交流最多的节点用户（"彭礼堂""涂良成""雪山飞鸽"等）均为中老年人，且均为大学教授。

考虑到所选取时段发言人数占群成员总数比例较低，而且该时段是经立意抽样选取，对于该群而言属于群讨论较为活跃，交流较为频繁的时期，可以推出整个群在其他时段也处于较不活跃的情况，交流整体分散。

（3）基本结论

综合以上分析结果，可以得出以下结论。

一是在人数众多的、以地缘为主要现实关系基础的微信群中，微信作为用户发布信息、与社群沟通的平台出现，而群中用户点对点的沟通功能不明显。

二是基于"地缘"的现实关系使微信群成员具有一定程度的认同，维持了微信群人数的稳定、保证了一定的交流频率。但由于群成员数量多、年龄跨度大、职业身份差异大，单一的地缘关系不足以支撑更深入、频繁的交流。每一个群成员的参与度不能被很好地调动起来。

三是在地缘的微信群中，虽然是老乡，但多是想象的共同体，线下联系基本上是断绝的，绝大多数的讨论量由少部分参与者贡献。这体现了微信群交流的不平衡性。

四是沟通最多的节点往往发挥了话题设置、意见引领的作用，在现实中有一定的影响力。在地缘群中，"资历"是重要的影响力指标。

（二）学缘社群的内部传播结构

1. 分析对象

本部分选择某高校某专业 2015 年级群作为研究对象，主要基于学缘而产生的社会关系网（见图 5-2）。

2. 数据处理过程

（1）抽样时段

在选取聊天记录时，根据选取参与人数较多、交流频繁时段的原则，选取了 2017 年 6 月 22 日 12：00—7 月 1 日 12：00 这一时间段进行统计，最后得到有效交流 172 次。

（2）编码说明

发送的网页消息、系统信息不计入统计；有明确对话对象的表情包和图片计入统计，没有明确对象的表情包和图片不计入统计；@ 所有人和推送给全群人的内容不计入统计；信息发出三分钟后没有回应则不被计入统计；只出现过一次的谈话者且没有和他人形成互动的内容不计入统计。

3. 社会网络分析

从图 5 - 2 中可以看出，可以看到"王小熊在 sweethome"和"李蕙桐""陈潼"，还有"陈潼"和"濮湜"之间的三条线段较粗；"谢天"和"于曦彤"之间的线段也较粗，表示他们之间的有效对话较多，有较高的连接度。群聊中"李蕙桐""陈潼""王景隆""谢天"是中心节点，以自身为中心向外发散状的放射型连接，与周围节点连接度较高，分别组成了一个个连接度高的小群体。"王景隆""谢天"周围的节点较为集中，而"李蕙桐""陈潼"周围的节点则更为分散一些。，"李蕙桐"是最大的一个中心节点，与其他节点连接数最多，有 13 条线，"王景隆"和"谢天"有 12 条、"陈潼"有 11 条，他们既是信息发出者，又是信息接受者。

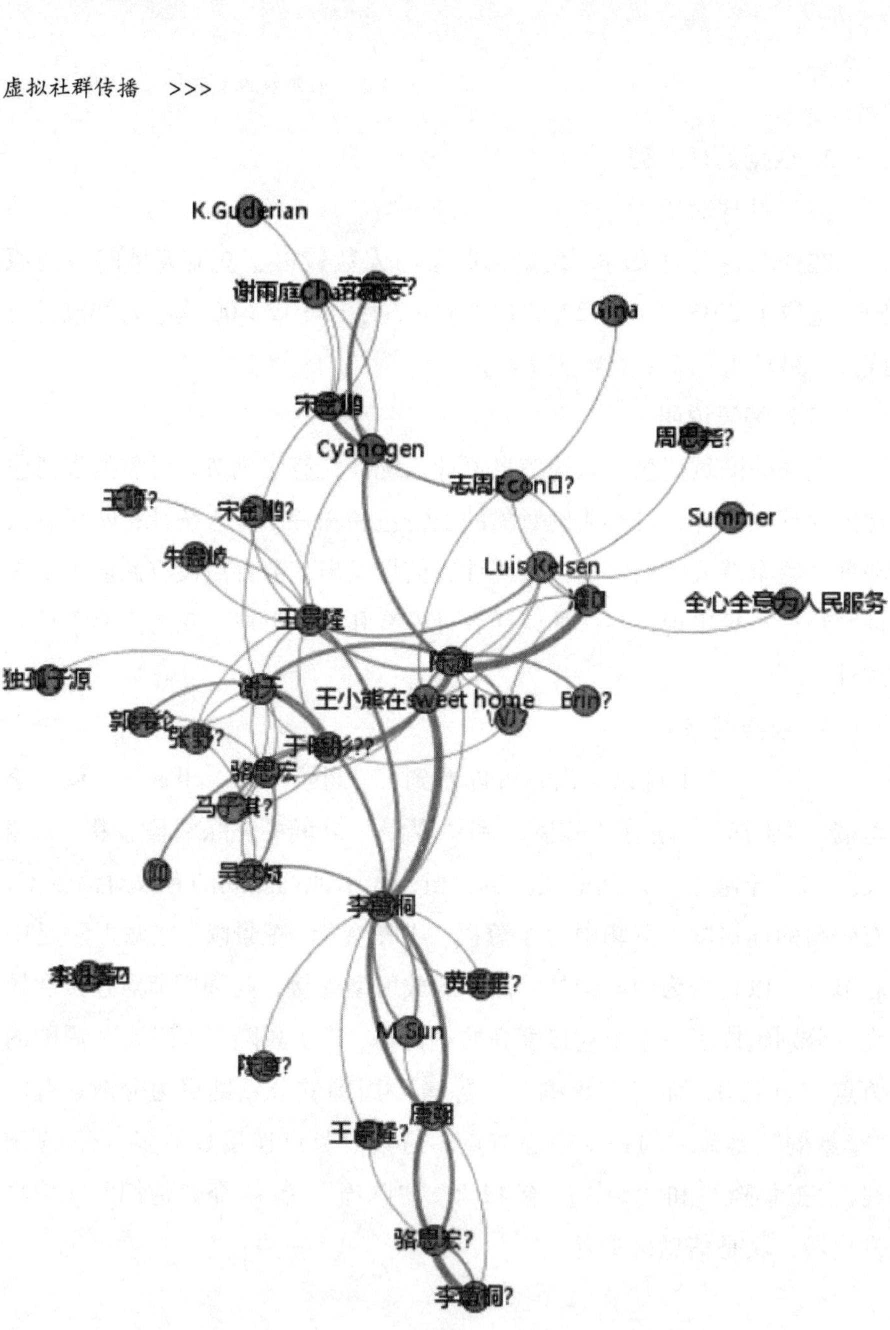

图 5 - 2 某高校某专业 2015 年级群社会网络图

4. 学缘社群的基本结论

社群中一共有230人，但是本次截取时间段中的参与人数为38人，群聊并没有达到和入群人数相匹配的效果。由于截取时间段在高考分数揭晓之后，也就是在本群原本的创建目的达成之后，可能是受到这个原因的影响造成了参与群聊人数的下降，大家之间的有效交流和各自的活跃程度都不高。这说明一个群聊在达到原建群的目的之后，可能会逐渐失去原有的活跃程度。

另外，由于抽样时间段恰好在许多大学的考试周期间，也就是说本群的群聊用户有相当一部分处于复习备考阶段，可能也是受到这种因素的影响，才导致参与群聊人数远低于群聊总人数。这说明，群的活跃程度也会受到群聊用户的可参与时间的影响。

根据原始的聊天内容，有关于高考分数以及录取院校的讨论，比如"王小熊在 sweethome"和"陈潼"之间较粗的连接线，是在讨论一位名叫"默涵"的同学的高考分数与志愿。除此以外，"康朔"和其周边连接程度较高的节点（"李蕙桐""骆思宏"）组成的小群体，是在交流"康朔"参加的剧组发生的关于冰淇淋的小事，这一话题和高考几乎已经没有任何关系，由此可以推断出群中除了交流与高考相关的内容，还有很大程度上在交流其他内容，说明在完成群聊本身任务之后，群聊的内容更加多样化。

"康朔"和其周边连接程度较高的节点（"李蕙桐""骆思宏"）组成的小群体，以及"王小熊在 sweethome"和"陈潼"等说明在同一个群内，由于大家交流的偏向性和个人喜好，有共同话题的或者是本就较为熟悉的人，在群聊中容易形成一定的小群体，小群体内部的交流频率往往会高于和群体之外的交流。

"李蕙桐"是自身为中心向外发散的方式与其他节点相联系、连接数目更多，她也并不是在收集资料或者担任群聊组织者、联系人，说明群聊中活跃着大部分是本身热衷于聊天的用户，尤其是在群聊完成本身的使命之后，大家聊天的内容都是根据自身的兴趣展开，围绕本身热衷于聊天的用户形成一定的小群体。

（三）业缘社群的内部传播结构

1. 研究对象

本部分选取了"【星火】17 夏人大代表"（成员 500 人）微信群为社会网络分析对象（见图 5 - 3）。该群是某旅游公司 2017 年夏接待期在中国人民大学招募夏令营辅导员（兼职）的招新群。

2. 数据处理过程

（1）抽样方法及时段

抽取 2017 年 5 月 5 日至 9 日 20：00 的微信记录共 556 条为总样本。该期间的群聊基本呈现出了该群较为常见的群聊状态。

（2）编码说明

A@B，或 A 没有@B，但明显是对 B 说话，视为 A 对 B 有一次互动；A 没有@B，也没有明显对 B 说话，只是延续 B 所说的话题发表言论，不视为互动；A 针对 B、C 讨论发表无目标导向的评价，如哈哈、表情等，不视为互动。

不论语义是否表达完整，只看回复数量，一条回复视为一次互动；如果@本身构成一条回复，而没有实际内容，不视为一次互动。

3. 社会网络分析

从图 5 -3 可以看出，网络规模较小，网络中存在少数中心节点，如孙自慧、余泽轮等，他们是兼职群里的核心人物，对社群网络的维持与建构起到关键作用。

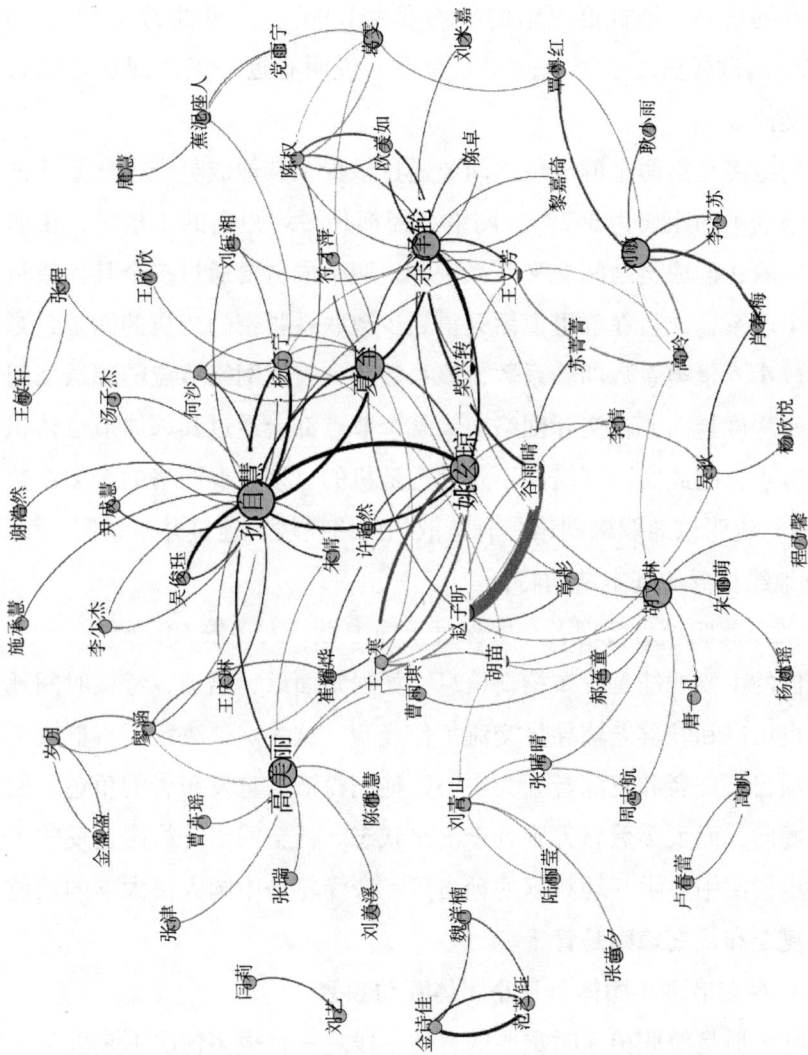

图5－3 【星火】17夏人大代表社会网络图

社群网络密度比较小，仅为 0.026，是比较稀疏的网络。兼职群中成员身份背景的异质性，导致彼此间交流的次数并不多。平均度是指兼职群中每位成员平均与他人发生交互的次数。互惠性是指成员之间发生双向交互的比率。该社群网络的平均度为 1.907，互惠性为 0.402，即有 40.2% 的群成员发生了双向交互关系，说明有近一半的成员之间常常互动交流。

平均距离是指两个群成员之间要通过多少个其他成员产生联系，该社群网络的平均距离为 3.287，网络直径都是平均距离的 2 倍多，说明从整体上看，群成员之间交叉联系较少，两个成员要通过多个其他成员才能产生联系，成员在群里说话只得到少数联系紧密的成员的回复，影响范围较小。聚类系数即簇系数，该系数越大表明网络节点的邻居之间连接紧密程度越高，在实际网络中，某个节点都会通过其邻居节点认识更多的节点，因此实际网络并不是完全随机的。该社群网络的聚类系数为 0.081，说明该兼职群网络具有疏散的网络模块，连接并不紧密。

4. 地缘社群的基本结构特征

（1）以兼职项目管理者和资深骨干为中心，大多数人潜水

该群的主要功能是发布招新信息，如通知面试、培训、考核时间地点等，也可以和驻群老辅导员交流工作经验。这一定位决定了本群成员以兼职项目管理者和资深骨干为中心，他们扮演信息发布者的角色，回答新人提问，而大多数新人则处于潜水状态。社会网络分析图也反映了这一特点，图中显示互动频繁的孙自慧、余泽轮是中国人民大学的两位队长，夏至和姚玄琼则是骨干。

（2）存在诸多小团体，且小团体互动频繁

人际传播是兼职招新时重要的宣传手段之一，很多情况下是以某一人为中心向其社交圈发展新成员，也有很多同学结伴报名，因此大群中虽然绝大多数人彼此陌生，但存在着诸多小团体。小团体内部互动频繁，有时可见群中讨论非常热烈，但实际上只有三五个人参与。社会网

络分析图一定程度上反映了该特点，图中边缘处可见有少许独立闭环社会网络。

（3）群聊话题多样，不仅限于兼职交流，和校园生活有关的都包括。

该群虽然属于业缘群，但由于以学缘为基础，故而群聊话题不仅限于招新兼职相关，任何和校园生活有关的话题都可能在这里见到。如每逢选课时期该群会演变为选课交流群；群中也经常可见大家对食堂新出菜品的讨论，或者对校园生活小攻略的探讨分享。

（4）因人数众多而升级为传播平台，延伸出了寻人、求助、宣传等功能

该群成员有 500 人，遍布全校各年级、各学院，因此该群天然地成了一个颇具影响力的传播平台。几乎每天都会有成员在群中转发推送求点击，转发校园活动信息号召大家参加，发红包求帮填问卷、投票。还有成员在群中发布求助、失物招领等信息。

社会网络分析图中显示的边输入较多的高美丽、胡文琳、杨宁宁等，就是问卷调查或投票的转发者。此类信息最容易调动大量潜水成员参与互动，如回复"填啦"等。

（5）假期热度不减，话题回归兼职

很多以学缘为基础的微信群，一旦放假后就会归于沉寂。但是该群不同，假期群聊热度依然不减。该群本身就是夏令营辅导员的招新群，假期才是兼职工作的时间，因此假期中群聊话题会在很大程度上回归兼职。群成员会就实际工作中遇到的诸多问题和困惑进行交流，分享各自有趣的经历。

（四）趣缘社群的内部传播结构

1. 研究对象

本部分选择百度的用户社群"百度 UE 设计交流群"进行观察与分

析。该微信群于 2016 年 11 月创立，由一名百度 UE 讲堂设计师担任群主，不定期发布一些有关设计的小知识与小技巧，另由一名校园大使承担管理员的角色，定期在群中发布自制的互联网报。该群属于官方成立的用户社群，由群主建群，再由中国人民大学校园大使将对设计感兴趣的中国人民大学在校生拉进微信群，目的在于集结中国人民大学的设计爱好者，希望他们通过该微信群彼此交流有关设计的知识与心得，所以该群具有一定的地缘性（仅人大学生）与趣缘性（设计爱好者）。

2. 数据处理

（1）抽样方法及时段

由于需要研究微信群内的互动，所以必然要选择较为完整的时段以构成"对话"，同时考虑到该群在建群之初总体较为活跃，最终我们直接选取该群 2017 年 11 月 28 日至 12 月 12 日共计 15 天的聊天记录，超过 600 条信息，作为分析的数据。

（2）编码说明

在对聊天记录进行编码时，仅过滤掉了"名片"，保留"文本""照片""动画表情"与"网页链接"，并按照一下原则进行绘制矩阵：当用户使用"文本""照片""动画表情"与"网页链接"时，均视为"发出消息"；当同一用户连续发出消息，且消息的内容具有连贯性时，认为该用户发出消息一次；当用户 A 发出一条消息，用户 B 对该消息进行了回复，A 没有再次发言，且用户 C 一直没有发言时，认为用户 A 对 B 产生了一次有效对话，用户 A 对 C、B 对 C、B 对 A、C 对 A 均没有产生有效对话；当用户 A 发出一条消息，用户 B 对该消息进行了回复，A 对 B 再次进行了回复时，认为用户 A 对 B 和 B 对 A 均产生了一次有效对话；当用户 A 发出一条消息，用户 B 与 C 均针对 A 发起的话题进行了回复，且 B 先于 C 时，认为 A 对 B、A 对 C 和 B 对 C 均产生了一次有效对话；当用户 A 发出一条消息，用户 B 也发出了一条消息，但两者内容不相关，则认为 A 与 B 没有构成有效对话。

3. 社会网络分析

将所选取的数据进行编码后，共产生 258 次有效对话。将 CSV 文件导入 Gephi 中，经过简单调整与美化后，得到了如下的社会网络分析图（见图 5 - 4）。

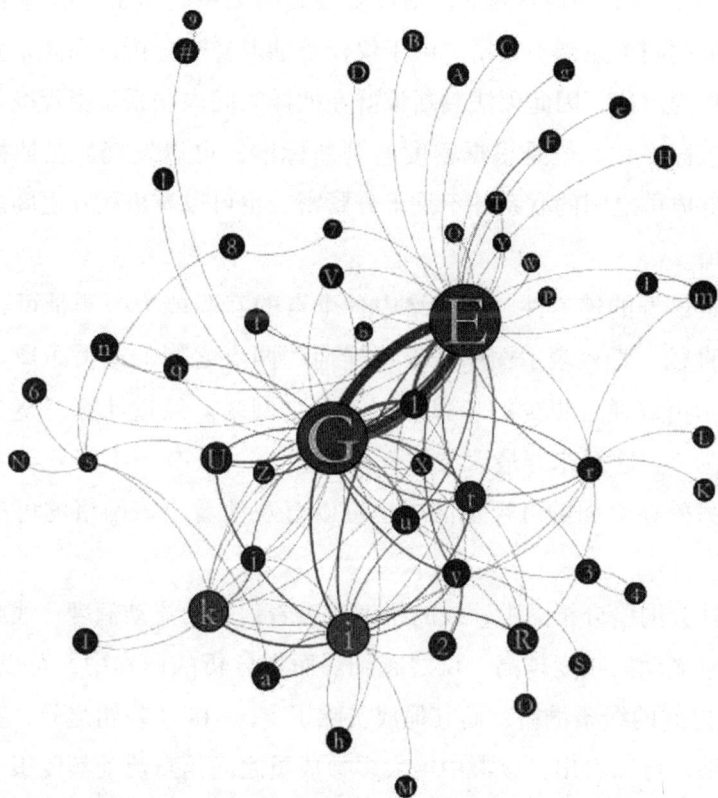

图 5 - 4　百度 UE 设计交流群社会网络分析图

其中，点 G 与点 E 分别代表校园大使与讲堂设计师。每个圆点代表一名参与群内互动的用户，根据用户活跃度由高到低，圆点的尺寸也由大到小变化，颜色则由深向浅变化（颜色越深越活跃，不活跃的用户未显示）。

4. 趣缘社群的基本结论

（1）成员之间总体关系生疏，可达性弱，信息流量较为集中

在分析的样本中，网络密度为 0.045。在社会网络分析方法中，密度指标被用来测量网络中各个行动者之间连接的紧密程度。密度值一般介于 0~1 之间，值越接近 1，则代表彼此间关系越紧密；值越接近 0，则代表彼此间关系越不紧密。由于仅仅是抽取样本分析，而并未有前后的数据作为对比，因此无法判断该群在抽样时间内联系紧密程度是否变化或者怎样变化。但是根据密度的判断标准，可以发现，在抽样时间内，该群成员之间的联系并不是十分紧密，也可以看出相互之间的关系较为生疏。

考察该群的连通性，即网络中各个点的互联能力。测量可达性的指标是直径。直径表示图中任意可连通的两点之间的最大距离。直径短，表示可以通过很少的步骤访问完整个网络。经过计算，整个网络的直径为 6。这意味着最大关联图规模较小，只有一小部分点实现了关联。另外在上面的可视化图中也可以直观地看出该网络的可达性较微弱。

在社会网络分析图中，线的粗细代表着信息的流动额度，线越粗则代表信息流动的频度越高，反之越细。而在分析的样本中，可以看到，G 和 E 之间的线条最粗，而其他成员除了 k、i 和 U 较粗之外，其他线条均很细。可以看出，该群中绝大多数成员之间信息流动额度很小，仅仅以 G、E、k、U 和 i 这几者之间信息流动额度较大。

（2）成员活跃度呈两极分化，核心成员地位突出

该群自 2016 年 11 月 28 日以后，成员人数一直保持在 200 名左右的水平，但在所选取的 15 天中，仅有 53 名成员参与互动，接近 75% 的成员属于"僵尸成员"，活跃度为 0。同时，从社会网络分析图可以看出，在参与互动的成员中，G 和 E 是这个图中的核心连接点，其他所有的联系均是围绕这两个人展开。由此可见，在所抽样的聊天记录

中，G 和 E 是该群的核心成员，属于该群的"意见领袖"，活跃度远远超过其他成员，甚至在个别时段出现 G 与 E 长时间的单独对话，整个群的社会网络图均以他们为中心展开。结合现实的情况考虑，出现这种现象的原因可能为：由于该群为百度官方建立，两名核心成员在该群成立之前便已经认识，容易形成互动；而其他成员多为被同学拉入群中，彼此属于陌生人，故而发言意愿较低，特别是当群中的核心成员表现得过为熟稔时。

（3）核心与次核心成员双向互动较多，边缘成员往往得不到回应

根据相关性数据，图中强相关节点数为 29，他们围绕着核心成员 G 和 E 分别形成了两个十分明显的互动圈子。但是，这两个圈子之间却并不是相互封闭的，他们之间的某些成员也有交流，以 k、i 为代表的次核心成员与两名核心成员互动频繁且多为双向互动，其他成员跨圈互动相对较少。

通过观察相关性较弱的节点，可以发现：位于边缘的成员之间存在少量的双向互动，但他们与核心及次核心成员之间的互动多为单向互动，即他们回应了核心成员的话，但得不到核心成员的回应，以 E 点附近最为明显。由此可以认为，多数成员之间的互动十分微弱，关系也较为生疏，边缘成员持续处于被忽视的状态。重新查看原始数据后发现，节点 E 代表的是百度官方的 UE 讲堂设计师。图中反映出，他对边缘成员的"漠视"较为严重，多数曾尝试加入讨论的成员在得不到他的回应之后，往往选择成为"僵尸成员"。相反，节点 G 所代表的校园大使在处理互动时表现较好，常常同时与多名成员进行话题探讨，也更容易得到其他成员的回应，形成的圈子比 E 略大，且有多名次核心成员与他进行高频率的互动。由此我们推测，"被忽视感"是部分社群成员活跃度低的原因之一，而"得到核心成员的回应"可以激励社群成员积极地加入讨论。

（4）该类型社群成员多以"接收信息"为动机，社群可持续发展性较差

通过观察该微信群建立以来的表现，该群在建立初期阶段活跃度最高，随时间呈现出活跃度递减的现象。通过与群内成员交流发现，多数成员加入的动机是"学习一些实用的设计知识与技巧"，故而在群内"窥屏"多过于直接参与讨论。然而，这一目的在微信群成立初期得到了较好的满足，却没有能够长期维持，随着百度官方的讲堂设计师在群中发布的"干货"越来越少，越来越多的成员对此失去了兴趣，甚至部分成员选择了退群。

同时，校园大使为人大学生，在微信群成立之初积极回应群内成员的消息，对维持该群的活跃程度起到了非常大的作用。但是，随着校园大使自身学业压力的增加，又没有多个大使可以轮流活跃气氛，该微信群的活跃度不断降低，在不到一年的时间里已几乎沦为"死群"。

（五）有管理员的趣缘组织社群内部结构

1. 研究对象

本部分选取数洞"有脑"Club1 群（总计 428 名社群成员），这是一个读书分享交流群，会定期组织相关的话题讨论。

2. 数据处理过程

（1）抽样时段

由于该群是话题性的组织群，每晚会抛出一个话题供成员参与讨论，因此本部分选取 2017 年 4 月 23 日 20：53—22：53 总计 120 分钟的话题讨论，当晚的话题是【有人说，互联网时代是"情"（情绪、情怀、情结）的时代而不是"理"（理性、逻辑、程序正义）的时代。你怎么看？】，该话题由秋心（管理员）发起，最后一位发言者是"老赵家的大公主"，共有 23 个用户在此时间段依次发言，聊天记录为269 条。

（2）编码说明

从抽样标准上看，主要区分了两种信息属性：一种是观点态度信息；另一种是人与人之间的互动信息。将"用户 A 发表观点"算作是观点态度信息，表明她对所有人的 1 次互动。把用户 A、B 之间的追问、回复、讨论算作是人和人之间的 1 次互动。

但是这里要注意一点，用户 A 给 B 发一条消息，记为了 1 次互动，但是 B 如果没有回复，这次互动实际上是失败和无效的，所以这种统计方法可能不准确。

具体来说，把讨论初始时管理员的预热算作对"除她之外群内所有人"的互动；根据话题内容，她对某位用户问题的解答和追问算作人和人之间的 1 次互动。有的用户在一开始发表了自己的观点，算作是她和所有人的互动 1 次，但是后来某些用户向她提出疑问，她再作的解答就是人和人之间的 1 次互动。

有的用户为了阐释自己的观点发了图片或网页链接，算作是 1 次观点态度信息。管理员在群里发了红包，算作其对所有人的 1 次互动。

整个抽样过程中，选择了图片、链接、文字内容作为聊天信息，因为整个讨论中没有发表情包和视频的用户，所以这两类信息不算在内。

3. 社会网络分析

图 5-5 是一个公众号的社群，平时会列出读书任务，制造讨论话题，让群友探讨分享观点内容。使用 netdraw 绘图工具，绘制研究对象的社会网络关系图。线条粗细表示信息流动的频度，线条越粗表示信息流动的频率越高，反之越低。

从位置和角色分析来看，围绕着本次讨论话题，秋心（管理员）的连入度和连出度是最高的，处于本群中心位置。她实际上扮演了多重关键角色，如制造聊天话题，话题预热，维护氛围，积极与群友互动等。"丁裕森"和"安然若泰"之间的线条是最粗的，互动频率最高，因为他们俩一直在围绕"互联网是否应该实名制"这个问题进行各种辩驳。

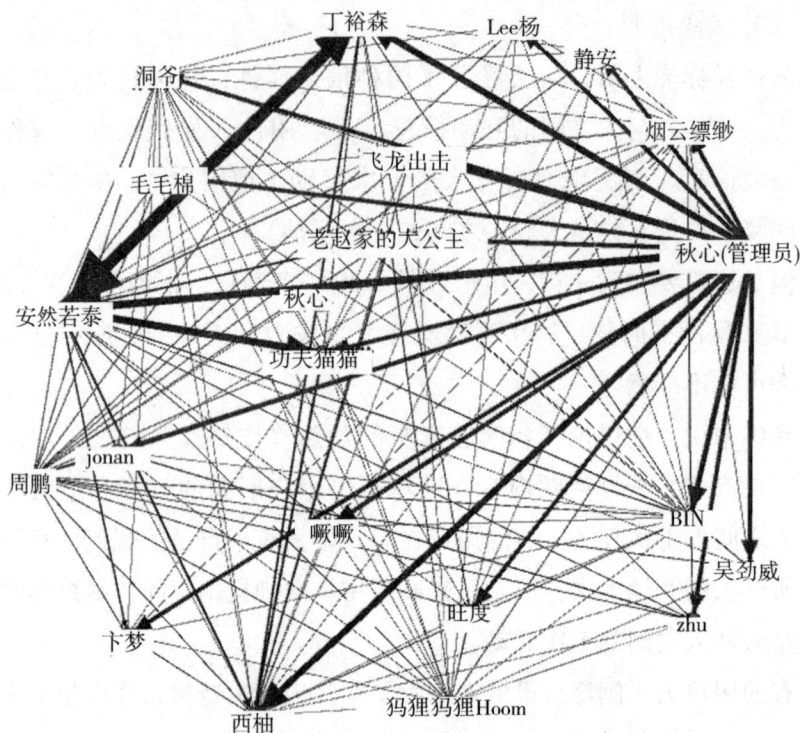

图 5-5　数洞"有脑"Club1 群社会网络分析图

洞爷是后半段时间才出现的，算是这个群的群主，他是本群的话语权威，最后稍作总结，发了红包，之后群友与他的互动基本上是围绕"为什么抢红包的贫富差距大"，谁抢得多谁抢得少的互动。

4. 有组织的趣缘社群内部关系网特征分析

此类读书知识分享的趣缘群体，共同的读书兴趣是此类读书趣缘群体的纽带，本质上更倾向于弱关系社区，人与人之间的关系并不紧密，社会化属性更强，属于价值观输出社区。群友的实际空间距离较远，只有线上观点的交流碰撞。每个人的身份都不需要实名认证，身份差异大，但据笔者观察，都是大学生或者年轻的知识爱好者。

"潜水"群众占多数，用户发言情况依据话题的兴趣度有所变化。此群人数虽然很多，达到 428 人，但真正经常发言的人也就 30 个人左右，其他人都在"潜水"或者当吃瓜群众。但是一旦有人发红包，潜水的人就会出来"拼手速"，这种情况时常让发言的人感到很尴尬。

通过对群动态的观察来看，除了粗线连接的是活跃用户之外，还有部分用户依据对话题的兴趣度参与话题的讨论。我们这次选取的话题，有一些没有参与讨论的用户，但在另一个也许是他感兴趣的话题中，参与度较高。

管理员在整个群聊中承载信息源和信息桥的双重作用。由于是知识分享群，群友形成了很大的默契，不会往这个群里发广告。群里的规矩一般都需要管理员制定，管理员要负起责任，营造融洽的氛围，讨论时引导群友思考，表扬激励那些观点有价值的群友。

（六）五类主要关系属性构成的社群结构比较

由于血缘构成的社群成员比较少，一个近亲家族也没多少人，再加上具有一定的隐私性，很难抓取，因此本书只是分析了地缘、学缘、业缘和趣缘等四类主要的社会关系社群，由于趣缘群体具有一定的特殊性，随着所谓的"社群营销""社群运营"的崛起，一些趣缘社群出现了"管理员"的角色，对整个社群的黏合和维持具有很重要的作用，因此本书对这类社群也单独拎出来进行了分析，五类关系属性构成的社群关系网的属性数据如表5-2所示。

表5-2　五类主要关系属性构成的社群属性比较表

	地缘社群	学缘社群	业缘社群	趣缘社群	有管理员的趣缘社群
群成员数（人）	436	230	500	210	428
节点数	50	38	75	53	23
活跃系数	11.5%	16.5%	15.0%	25.2%	5.4%
连接数	88	83	143	124	185

	地缘社群	学缘社群	业缘社群	趣缘社群	有管理员的趣缘社群
密度	0.036	0.056	0.026	0.045	0.366
聚类系数	0.14	0.203	0.081	0.211	0.588
平均距离	2.706	2.128	3.287	2.424	1.797
网络直径	5	7	8	6	4
传递性	0.259	0.101	0.176	0.263	0.389
互惠性	0.3968	0.18	0.402	0.4102	0.342

从上表可以看出，将参与日常讨论的人数除以群成员总数，可以得到每个社群的活跃系数，系数越高说明参与的人数越多，说明社群结构是扁平化的，从上图可以看出，没有管理员的趣缘社群活跃系数最高，有管理员的趣缘社群活跃系数最低，只是很少的人（其实主要是群主、管理员在说话）。另外，就是社会网的密度，密度越高反映内部的互动频度越高，五类社群比较可以发现一个很有意思的现象，密度最高的居然是有管理员的趣缘社群，结合活跃系数来看，虽然密度高，但连接是不均衡的，主要是那 23 个成员在互动，其余人是沉默的大多数；密度最低的是业缘社群，作为一个兼职群，多数人是不认识的，大家因为职业（兼职）而认识的，因此互动主要是以目的（找兼职）为导向的，本身也激不起大家热烈讨论的兴趣。

聚类系数反映的是社群内部同质性的可能性，聚类系数越高说明社群内的小团队存在的概率越高，可以看出，有管理员的趣缘社群是聚类系数最高的，其次是无管理员的趣缘社群，聚类系数最低的是业缘社群，由于兼职工作的多元性，很难就工种和行业进行很好的聚类。

通过以上分析，可以看出由于社群底层的关系基础不同，即所谓的"座架"的差异，上层所表现出来的社群运行机制和关系网络完全不同，内部的社会权力结构和社会资本分布也不尽相同。因此虚拟社群看上去是一个所谓"话语平权"的过程，每个人都有麦克风，但其实只是线下社会的一种镜鉴而已，只是在这里有些权力结构得到了重构，有些则是线下的完全翻版而已。从某种意义上讲，社群媒体的最大优势是赋予了每个受众成为信息"传递者"，也就是最广义的意见领袖的可能，而受众也通常在有意识或者是无意识中充分验证这种可能。

二、社群内部信息分享行为模式及动机

塔利亚（Talja，2002）① 将社群内部的信息分享比喻为一把大伞，因为其包覆了广泛的合作性行为，包括分享偶遇的信息到共同阐述问题和检索等，这些都是社群信息分享的一种。在近年许多日常生活信息寻求的研究中都指出，信息的获取与过滤存在于许多个体当中，有目的地进行规划、彼此共同合作，因此将这样的行为称为合作性的信息行为（Collaborative Information Behavior）。整个合作性信息传播行为的过程包括问题定义、需求分析、查询制订、检索互动、评估、结果展示以及利用结果解决问题。

舍夫韦格（Sonnenwald，2006）② 认为信息分享是发生在群体之中，包括提供信息，并确认被接收的信息是彼此都能理解的，信息分享的目的就是根据其他人的需求提供信息，这个信息对他人是有所影响的，尤其在所有群体中的活动，信息分享是不可或缺的，群体合作必须透过不断分享并互相理解和使用信息，若缺少了信息分享，群体工作必将失败。因此信息分享行为通常都发生在网络之中，是一个群体的行为，在

---

① Talja, S. (2002). Information sharing in academic communities: Types and levels of collaboration in information seeking and use. The New Review of Information Behavior Research, 3, 143 – 160.

② Sonnenwald, D. H. (2006). Challenges in sharing information effectively: examples from command and control. Information Research, 11 (3): 251. Retrieved Jun 12, 2009, from http://informationr.net/ir/11 – 4/paper270.html

这个网络中成员间因为频繁的互动关系，将自己所拥有的信息分享给网络中的其他成员，并透过这样的互动过程获取自己所需的信息。古必鹏（2008）① 则认为信息分享行为有以下几个重点：一是信息分享行为是由他人的信息需求所触发的行为；二是发生于特定的群体之中；三是解决问题的一种过程；四是信息分享是具有策略性的分享，可能具有某些目的存在以及信息分享可以让成员间关系更为紧密。

（一）社群内信息分享行为类型

社群内的信息分享是以共同合作、互惠性和关系为基础的行为模式为主。

1. 共同合作行为（Collaborative/Collective Behavior）

合作意味着信息分享并非一种个别性的行为，是发生在社会网络中的合作行为。其意义有两点：一是不同的社群成员存在于同一个活动之中；二是社群成员拥有共同的目标。所以信息分享的过程包括信息提供者和信息的接收者，目的便是要达到信息的转换。不过在信息分享的过程中，双方都有可能同时是信息提供者和接收者，彼此进行双向的信息转换。

2. 互惠性行为（Mutual – Benefit Behavior）

信息提供者的分享动机是相当重要的，因为信息的提供者若没有分享动机，信息分享行为便不会产生。信息提供者分享信息的动机不同，可能是追求经济或寻求心理和社会利益，彼此都能透过对方有所收获。所以在互惠性的观点中，社群信息分享行为可以被定义为社群中的个人和其他人基于共同的兴趣或利益所驱使的活动，信息分享行为的参与者

---

① Gu, B. - P. (2008, June). Information sharing behavior of virtual community: A case-estudy of GOGOBOX. Paper presented at American Society for Information Science and Technology, Taipei Chapter, Workshop of Current Research in Library, Information and Communication Science, Autumn 2008, Taipei, Taiwan.

是为了达到共同的兴趣或目标，彼此都能受惠于信息分享的过程。

3. 关系为基础的行为（Relationship – Based Behavior）

信息分享行为并非个别的行为，是发生在社群内部的关系网络中共同合作努力的一种行为。信息分享是由提供者和接收者所促使的活动。此外，信息提供者和接收者之间的关系也会影响信息分享行为，例如在同事之间构建的社群中的信息分享，不需要一个正式的机制便能进行，或当社群的信息分享要达到有效管理时，社群内部便需要建立一个长期的信息分享机制，进而促进知识分享。参与者之间不同强度的关系，便会产生不一样的信息分享。所以信息分享是一种以关系为基础建立的行为。

信息分享是重要的社会行为，因为所有的信息分享行为都是发生在网络之中。此外，信息分享也是一种助人的行为，借由生活可能的偶遇或经验，并得知其他人可能有所需求，将信息分享给有所需求的人。根据以上定义，可以归纳出信息分享行为发生在社会网络之中，不是个人所能独立完成的行为，个人与其他人透过某种合作关系交换和分享信息，以便达到个人或彼此的共同的兴趣。此外，有时个人意外获取的信息不一定是自己所需的信息，而是对他人有用之信息，因而将信息传递给他人。因此信息分享行为是一种合作性的行为，也是有利于他人或彼此互惠的行为。

在信息分享的相关文献和定义可以发现信息分享行为还包括 Rioux（2005）① 所提出的信息获取与分享理论和 Erdelez（1997）② 信息偶遇

---

① Rioux，K. S.（2005）. Information acquiring – and sharing theory. In K. E. Fisher, S. Erdelez, & L. Mckechnie（Eds. ）, Theories of information behavior（pp. 169 – 172）, Asist, NJ：Information Today Press.

② Erdelez, S.（1997）. Information encountering：A conceptual framework for accidental information encountering discovery. Information seeking in context（pp. 412 – 421）. London：Taylor Graham.

的概念，信息获取与分享理论（Information Acquisition – and – Sharing, IA&S）意指信息的获取与分享是相关的，并且结合了个人复杂的行为与过程。此概念包含了以下四个部分：一是有意识地储存他人所提出之信息需求；二是在不同的情境下获取信息时，会回想起他人所提出的信息需求；三是将自己所获取的信息，与预期可能会需要此信息的人建立关联；四是透过渠道分享这些信息。信息获取与分享概念主要是透过观察个人和家人、朋友、同事之间不同形式的沟通与社会互动而提出的。透过其所提出的过程和理念可以了解到，个人对于其他人所提及的信息需求会进行储存的动作，并在寻求信息时回忆他人的需求。因此，信息获取与分享理论是存在于各种信息传播与互动之中的，日常生活中，人们认知上的表现经常是不自觉发生的，在个人与他人交谈与互动的过程中，会下意识地将其他人提到的任何事物储存进个人的潜在记忆中，当个人获取信息时，就会与潜在的记忆做连接，回想到其他人曾经所提出的需求，这整个过程便促使信息分享行为的发生。信息获取与分享的理论框架在早先其他网络上的信息分享的研究便可看出端倪，研究发现个人在网络上进行寻求时所发现的信息，意识到这些信息对于他人而言可能是有趣的，随后利用一些方式分享这些信息。在这些研究中，都证实了网络上分享给他人的信息，是由个人将获取的信息分享给有所需求的人，个人在网络上不一定是具有目的性地寻求和浏览，所分享的信息往往是意外获取的，进而分享给他人，所以信息分享这一连串的行为是一项自然且令人感到愉悦的高度社会性之信息行为，也因此信息获取与分享的研究应该要以信息环境的团体现象为优先，而非个人特定的信息行为。

此外，信息获取与分享理论其实也与信息偶遇（Information En-counter）概念相近，在整个信息获取与分享的过程中，信息偶遇扮演着另一个相当重要的角色。信息偶遇者（Information Encounterer）在没有预期的情形下偶然遇到他认为是对别人而言有用的信息，便会将信息分享给有此信息需求的人。研究指出信息偶遇的概念提供一个内在刺激来阐述信息获取与分享行为，而网络环境很容易促使信息偶遇和信息获取与分享的行为产生，就个人来说，在网络环境中经常会偶遇自己或他人所需要的信息需求，并进一步透过一些方式分享这些信息①。

　　信息偶遇是指偶然发现实用或有趣之信息的一种难忘经验。信息寻求是获取信息的主要方式，然而有时人们在搜寻特定主题之信息时，会找到不在计划之内却与问题和兴趣相关的信息。信息偶遇也发生在个人的例行活动中，所以信息偶遇是一种机会主义式（Opportunistic Acquisitionof Information，OAI）的信息获取，也是附加的信息获取方式②（Erdelez，1997，1999）。在网络信息分享理论研究也发现个人在网络上不一定是具有目的地寻求或浏览，很多时候网络上所分享的是意外发现的信息，这种不在预期之内所获取的信息是网络上固有的一种行为。因此简单而言，信息偶遇是指不在个人预期的情形下发现相关或有用信息的经验。吴美美等（2007）③ 对于中小学教师进行研究发现，教师透过网络搜寻教学资源时，经常有信息偶遇的情形发生，教师的一个重要的资源获取方法是透过"网站牵网站"的方式，即在一个网站的相关链接中点选下一个网站，逐步在网络上链接到其他网站。对教师而言，有时在网络上浏览网页时，并无特定或明确的需求，只是习惯性地在网络上搜寻教学资源。由此可见，除了与个人问题或兴趣相关的信息寻求，偶

---

① Erdelez, S. (1997). Information encountering: A conceptual framework for accidental information encountering discovery. Information seeking in context (pp. 412 – 421). London: Taylor Graham.

② Erdelez, S. (1997). Information encountering: A conceptual framework for accidental information encountering discovery. Information seeking in context (pp. 412 – 421). London: Taylor Graham.

③ Wu Meimei. (1999). ["Xu ni she qun" he tu shu zi xun fu wu]. Social Education Bimonthly, 93: 22 – 25. [Text in Chinese].

然寻找的相关信息也是一种重要的信息获取方式。叶乃静（2005）① 指出，信息并不一定是透过系统化的信息寻求而来，反而是意外的信息获取，尤其人们长时间暴露在信息环境之下，很容易有信息偶遇的机会。人们在日常生活中，经常会习惯性、不自觉地关注其他事物，包括个人观察、与亲友同辈之间的对话、大众媒体的使用等，虽然没有特意搜寻有时却能获得过去认为是不需要的东西。所以现今网络环境比起传统的信息环境，大大增加了信息偶遇的机会，且在网络环境中，浏览网络时，有一个很重要特性就是易于意外发现信息，也是信息偶遇不可或缺的要素，所以信息偶遇是一个相当普遍的行为。信息偶遇除了意外搜寻到自身所需或感到有兴趣之信息外，有时也会是别人曾经提及之信息需求，将所获取的偶遇信息利用其他方式分享，便是信息偶遇者经常产生的行为，因此，信息偶遇者在信息分享中扮演重要的角色。信息分享是一种非正式的沟通方式，但却是许多人经常利用的信息获取方法，信息分享最主要的目的便是将信息分享给其他人，这些信息都有可能会对他人产生不同的影响。在信息分享的过程中可以获得许多附加价值，因此是许多人普遍都会选择利用的信息获取方式。许多文献中学者都提到信息分享的重要价值便是建立良好的社会互动关系，让社群成员拥有高度的信任和忠诚度，以便促进信息的交流。

（二）社群信息分享行为的动机模式

传播动机是传播主体开展信息传播活动的心理动因。作为整个传播活动的源头，传播动机对直接影响传播渠道的选择、传播符号的运用和传播内容的选择等。人际传播作为强调传播过程中个体也涉及感受的传

① Yeh, N. - C. (2005). [Duo yuan wen hua xia dezi xun xing wei yan jiu]. Taipei: Mandarin Library & Information Services Co., Ltd.

播活动，传播动机对整个人际传播过程的影响尤为显著。乔竞杰等①研究认为，传播动机主要有以下六个方面。一是消遣，即通过一定的活动消磨时间，并从中获得愉悦感。现代社会中，随着信息科技的发展，全球竞争的加剧，全社会呈现出快节奏、高压力、竞争激烈的态势，处于此种情境中的大众，尤其是长期从事脑力劳动的人需要寻求合适的平台和渠道来释放压力，消减疲劳，获得愉悦感。与此同时，在大多数人的生活中，存在着大量闲暇的碎片化时间可供利用。由此，"消遣"成为大众的普遍需求。互联网知识社群集知识性、趣味性于一体，又具有可触达性，故成为知识分子为主的群体进行"消遣"的重要渠道；二是求知，即通过一定的活动获取知识。"重视知识""通过各种渠道获取知识"已经成为整个社会的共识。互联网知识社群作为知识交流、共享、传播的重要集散地，成为"求知"的重要渠道，备受青睐；三是寻求归属感，归属感需求即通过和他人交流建立联系，加入一定的群体中，从而摆脱个体的孤独感和孤立感，互联网知识社群中的成员通过人际传播实现与其他社群成员的互动，内容参与嵌入社群中，从而形成一种"我们"的归属感；四是自我认知，人总是通过与他人的交流完善自我认知；五是交友，即通过一定的平台结交朋友。作为一种社会性动物，人具有很强的群体性，社交需求强烈。尤其在现代化社会，信息科技的发展、大众传播工具的日益发展，表面上拓宽了大众社交的渠道，但网络社交平台的虚拟性实际增加了人与人之间交往的距离，使大众间普遍存在人际交往的缺失。互联网知识社群作为自发组织的兴趣群体，成员间有着共同的兴趣爱好、知识水平、社会地位、经济条件相仿，且社群内丰富的交流平台为成员提供了便捷的"交友"渠道；六是建立社会协作关系，社群成员在社群内进行人际传播，不只出于"思想交流、知识分享、消遣交友"等非功利性动机，同时也有"建立社会协

---

① 乔竞杰. 互联网知识社群的人际传播研究［D］. 辽宁大学硕士论文, 2016.

作关系，交换资源"的功利性动机。具体来说，社群内的信息分享行为的动机主要包括了以下模式。

1. 维持社群成员的高度互动关系

Bao 和 Bouthillier（2007）[1] 认为信息分享具有关系建立之价值，Talja 和 Hansen（2006）[2] 也认为合作性信息行为的整个系统便是在支持人与人之间的分享，可以让网络的成员拥有高度的互动关系，并建立良好的人际关系，无论所分享的内容为何，以及所分享的信息使用结果如何，都能透过分享建立和维持良好的社群关系，如建立成员间的信任度与友好度等。个人通常习惯与自己所熟悉和信任的人分享信息，因为频繁的互动关系有助于彼此的信任度上升。此外，成员也会开始依据社群需求主动分享信息，除了是一种回馈的表现，也是对其他成员间信任与情感建立的结果。社交性分享即将信息分享视为建立人际关系或凝聚社群的一种活动，是许多研究团队视为重要的分享方式，许多知识分享成员认为在他们的社群中，共同分享相关文件的信息是一个非常有益的方式，因为个人的信息寻求不一定能够有效且满足自己的需求，所以社交性分享并不一定是以目标导向的分享，相反，社交性分享像是一种礼物的赠予和接受，实质是在建立和维护社会关系。

2. 有助社群合作行为维系

信息分享许多定义都提到共同合作，尤其是在一个社群当中，彼此进行分享可以让社群合作更有效率。这点在学术研究的社群中最为明

---

[1] Bao, X., & Bouthillier, F. (2007). Information sharing as a type of information behavior. McGill University, Montreal, Information Sharing in a Fragmented World: 35th Annual Conference of the Canadian Association for Information Science, Retrieved June 11, 2009, from http: //www. cais – acsi. ca/proceedings/2007/bao_ 2007. pdf.

[2] Talja, S., & Hansen, P. (2006). Information sharing. In A. Spink, & C. Cole (Eds.), New directions in human information behavior (chap. 7, pp. 113 – 134). Dordrect: Springer.

显，如小木虫等，因为学术研究往往需要广泛地扫描相关文献，不仅是主要学科，很多时候还要跨学科进行文献搜寻，因此个人在搜寻相关研究主题的文献时，将所获取的信息传递给他人，让整个社群彼此受惠于信息分享，让信息分享成为研究方法的一部分，可以使研究团队合作发挥最大的效益。

3. 将不完整的信息趋向完整

个人所掌握的信息经常不是完整的，所以在日常生活当中经常会与他人进行交谈与互动，在每一次的交流过程都会有新的收获，这些收获可以让原先不完整的信息趋向完整，尤其是在一些公共热点事件发生后，当信息管制或者处在正在发展阶段时，通过不同成员参与的"信息拼图游戏"，一方面信息会越来越完善和具象化，另一方面由于"无影灯"效应，不同信源之间的相互印证与对比，可以使得信息更加趋向于事实真相，这本身就是信息的"有机运动"。

4. 保存重要的信息，并作为个人数据库

信息分享的目的便是将信息传递出去，透过信息分享让其他人知道这些信息进而达到保存信息的功效。目前很多人将微信群作为重要的信息数据库，在社群中分享的很多文档如果及时保存在手机中，如果使用时直接采用群内搜索，并且可以分门别类地信息检索，从而实现信息的保存与调取，社群已经超越了信息简单互动与沟通的价值，而上升为个人的移动数据库。

5. 信息分享产生新想法

信息分享除了提供自己分享看法的机会，也能借此聆听吸收别人的想法，透过这样的互动过程往往能够产生新的想法。在个别知识性的社群中，社群成员皆被鼓励有自己的意见和看法，通过众人的头脑风暴，进而形成稳固而成熟的想法。

（三）社群信息分享行为的动机

在前文中提到，Bao 和 Bouthillier（2007）① 认为信息提供者的分享动机是相当重要的，没有分享动机，便不会有信息和知识分享行为的发生，所以目前许多研究虚拟社群的分享动机一直是许多研究人员所关注的焦点。许多学者利用社会资本和激励机制探讨影响虚拟社群成员分享动机，因为虚拟社群是一种线上社会网络，其中人们有着共同的兴趣、目标分享信息和知识，从事社会性的互动，因此许多研究利用社会学的角度探讨虚拟社群的信息和知识分享动机。

1. 构建社会资本（Social Capital Theory）

社会资本主要运用于社会学，不过现今许多不同领域的学科也利用此一概念进行不同主题的探讨，近年许多网络研究趋向对于社会意涵的讨论，社群与社会资本即是其中一项议题。所以在虚拟社群的分享行为中有许多学者以社会资本的角度进行探究。根据 Coleman（1988）② 的解释，社会资本的价值存在于人与人之间并促进生产性的活动，其着重于"关系"的层面，社会资本可以促进共同合作、互惠互利，社会资本是真实和潜在资源的集合，可以透过个人和社会单位的关系网络拥有。通过上述的定义可以看出，社会资本是以社会和群体的概念作为起点，所探讨的是群体之间的关系，然而社会资本是否存于虚拟社群中是学者讨论的焦点，因为虚拟社群和真实社群最明显的差异在于虚拟社群成员是通过线上进行交流。网络的使用能够延长并补充社会资本同时还创造了社会资本，虚拟社群虽然有别于真实的群体，但社会资本依旧存

---

① Bao, X., & Bouthillier, F.（2007）. Information sharing as a type of information behavior. McGill University, Montreal, Information Sharing in a Fragmented World: 35th Annual Conference of the Canadian Association for Information Science, Retrieved June 11, 2009, from http://www. cais – acsi. ca/proceedings/2007/bao_ 2007. pdf

② Coleman, J. S.（1988）. Social capital in the creation of human capital. The American Journal of Sociology, 94: S95 – S120.

在于其中。陈靖旻（2008）[1] 利用社会资本进行虚拟社群的分享行为研究，一是结构面（Structure），社会互动连接（Socialinteractionties）为信息和资源流动的管道，网络的连接可以结合和交换知识和信息；二是关系面（Relational），信任（Trust）在知识分享的虚拟社群中是一个重要的意志行为，是对社群成员的信赖程度，为社会资本累积的先决条件与结果，互惠规范（Normofreciprocity）在其研究中指的是参与者认为是公平的知识交流，认同（Identification）成员将自己视为群体的一分子过程；三是认知面（Cognitive），共同语言（Shared Language）为人们讨论、沟通和交换信息时重要的辅助工具，借由相同语言更容易分享，共同愿景（Shared Vision）是社群成员共同实现目标。上述研究发现，互惠与认同可以增加个人分享行为的数量，此外，社会互动连接和互惠规范以及认同有着显著的正向关系，也就是说社会互动的程度越高，互惠规范和认同的程度也越高，因此结构面对于知识分享的影响甚大。社会互动连接和信任没有显著的关系。在 Chiu 等人（2006）[2] 的研究中信任在知识分享没有明显的影响，可能原因为分享的风险小，且社群成员间的互动和交换关系频繁且认为是具公平性的，因此在关系层面上，部分呈现正向关系，在认知部分的研究，共同语言对于知识的数量并没有太显著的发现，可能原因是知识的贡献者比起知识的数量更在意品质，共同愿景则是呈现负面影响。

2. 激励机制组织的酬偿

激励机制组织的酬偿是影响成员信息分享的重要因素之一，社群成

---

① Chen, C. – M. (2008). Knowledge sharing in virtual communities-A study based on the social capital theory. Unpublished master's thesis, Department of Information Management, National Central University, Taoyuan County. [Text in Chinese]

② Chiu, C. – M., Hsu, M. – H., & Wang, E. T. G. (2006). Understanding knowledge sharing in virtual communities: An integration of social capital and social cognitive theories. Decision Support Systems, 42: 1872 – 1888.

员预期分享可得到奖励或感受到的鼓励大过于其付出，信息或知识的分享便有可能产生，酬偿越高，成员分享的意愿也就越高，因此目前很多社群营销的运营者可以借由奖励制度促进互惠分享。Hendriks（1999）①根据双因素理论（Two‐Factor Theory）探讨知识分享的动机，双因素理论包括保健因素（Hygiene Factor）和激励因素（Motivating Factor），保健因素包括薪资、地位、福利等基本工作需求，激励因素则包括成就感、责任感、肯定、奖励机会和工作挑战等，虽然激励因素不如保健因素实际，却能使人们乐于投入进而分享知识和信息，并借由他人的肯定获取分享的成就感。在虚拟社群的互动架构和机制下，刺激成员互动，从中交流使成员获得尊重、欣赏、肯定个人成就的感受，进而达到共创与分享。虚拟社群的酬偿机制对于其成员是具有影响力的，透过奖励让虚拟社群成员扮演"有权势"的虚拟角色，可以进一步提升他们对社群的认同并增加其分享信息和知识的意图。

有些社群采用红包或者虚拟货币作为奖励机制，为了得到虚拟货币的酬偿与回馈，许多社群成员会愿意提供虚拟社群所需的帮助、服务，并多参与互动，即增加成员分享的意愿。也有社群是提供虚拟身份标注（Value‐Added Points）机制，所获得的虚拟身份可以成为成员于社群内的地位象征。整体而言，社群网站的激励机制可以让许多虚拟社群成员认为他们的努力能够呈现于个人绩效之上，个体绩效可以获得等值的报酬，报酬对于他们而言是具有激励效果的，进而增加虚拟社群成员分享信息。

相关研究者除了利用理论作为探讨分享动机的基础，虚拟社群成员的信息与知识分享动机也可以从个人和群体两个层面来探讨。个人层面首先是对自我的要求，许多成员进入社群初期对于自我有严格要求，并

---

① Hendriks, P. （1999）. Why share knowledge? The influence of ICT on the motivation for knowledge sharing. Knowledge and Process Management, 6（2）: 91–100.

衡量自我能力后，在社群内追求其制定的目标，此外，在网络世界中，成员并不一定认识彼此，却能清楚了解该成员是新手抑或专家，因此网络社群的成员对于自我能力呈现严格标准；其次是线上身份的建立，虚拟社群中的昵称便代表个人在线上的身份，经过互动的累积，可能获得如现实生活般的地位，且对虚拟社群成员而言，提高核心知识贡献者的身份是让社群持续发展的方法之一，通过内在或外在动力激励他们继续分享信息或知识给其他成员。随着时间的发展，虚拟社群成员于分享的中、后期也开始倾向线上身份的建立，线上身份越成功所取得的影响也越大，可获得之利益也相对增加，具有权势的角色，可以提升对社群的认同感并增加分享意愿。

群体层面，这其中包括了期望互惠关系、寻求支持与归属感和建立信任关系三点。首先，虚拟社群成员会希望能建立一个互惠体系，借由分享以达目的，这是个人的"期望互惠"心理，预期未来可能会获得回报。除了希望获得回馈，成员同样认为自己应该有所付出，成员会因为社会道义责任产生利他行为，也会觉得因为是社群的一分子，所以自愿帮助其他人。在一些虚拟社群中，通过社群中的一些提问问答，是建立社群归属感的重要仪式，在互惠的氛围下，成员会体认到他人解答自己的疑问，自己也应帮助他人，因此网络上的互惠关系能够促进信息分享；其次，虚拟社群应以"成员归属感"为中心，虚拟社群应提供成员归属感，并且分享共同的事物，让成员意识到自己属于社群的一分子，便会产生责任感，成员的分享动机到了中、后期，促使他们持续分享的动机是从互惠关系、群体需求和自我要求所衍生来的归属感、成就感和责任感。从相关研究可以发现，成员于社群都期望能寻求其他成员的支持以获取于社群内的归属感，使他们能够跨越时空限制，建立有意义的人际关系；最后，虚拟社群成员间的信任关系，信任关系对于虚拟社群有着重要的影响，因为虚拟社群成员对于其他成员的行为信任程度越高，会增加他们分享信息的意愿，信任关系还可以从虚拟社群成员和社群运营者，以及成员间的关系来看，虚拟社群成员进入社群时，不容易主动对社群提供相关资源，不过参与者一般不会主动进行信息分享，但经过观察发现其他成员的社群分享行为，参与者可能会对社群的其他成员产生信任感。

（四）社群内部信息分享模式

虚拟社群是许多人分享信息和知识的平台，社群的价值便是提供丰富的信息交流空间。网络社群具有提供信息和分享的功能，并且不是单向的传播或宣传。此外，从社会交换行为来看，虚拟社群的信息和知识的交换可分为两个部分——浏览（Viewing）/接受（Receiving）和张贴（Posting）/给予（Giving）（Chiu et al.，2006）①，信息分享是通过传播和回复问题的机制，分享个人经验、讨论和辩论问题。所以社群内的每个成员可能既是信息的提供者也是接受者，成员是通过社群进行双向的互动分享信息。此外，根据社群成员的互动和参与成度的高至低，网络社群的信息和知识的互动模式可分为主题设定、参与讨论、潜水浏览和退出参与。一是主题设定，提出讨论议题或自我揭露行为，多存在于有管理者的趣缘社群之中，如上文所讲的数洞"有脑"Club1读书群；二是参与讨论，参与他人提出的议题讨论或他人自我揭露的评论行为；三是潜水浏览，仅观察他人讨论或自我揭露，不发表任何意见；四是退出参与，离开讨论或观察，即明示或默示的结束上述的行为。信息分享模式根据虚拟社群类型的不同也会有所差异。会员加入虚拟社群的时间长短与其分享行为是有所关连的，当社群成员的资历越高，其分享行为也越高，所发表的主题也越多。社群成员彼此都有所互动，而不同类型成员的特色与变化，是增加互动的原因，互动关系也有所差异，所以产

---

① Chiu, C. - M., Hsu, M. - H., & Wang, E. T. G. (2006). Understanding knowledge sharing in virtual communities: An integration of social capital and social cognitive theories. Decision Support Systems, 42: 1872 - 1888.

生以下几种模式。

1. 问题解决模式

问题解决的模式是以问题询问与解答为主。成员领袖和经验意见分享型的成员通常会主动协助解决问题也可能是被其他成员指名回答，这两类型的成员常以个人的看法与亲身经验做回应，并提供提问者相关建议。如在群中直接@群主或者资历比较深的成员。

2. 信息强化模式

成员轮番提出各自的经验和看法，能够带动一连串的讨论，通过讨论激荡出更理想或合适的答案与建议，使得成员对议题有更深入了解，Wasko 和 Faraj（2000）[①] 的研究发现，虚拟社群的成员会对其他成员回答的问题进行深入了解，并比较他们与其他人回应，以便更清楚成员的思想和知识。这个过程进一步提升了会员的专业知识，产生信息强化的现象。

3. 情感交流模式

借由问题解决和信息强化模式经常会产生情谊和伙伴关系，情感交流模式便是由会员主动建立友谊，以情感沟通为主要目的。虽然情感交流模式对社群内的信息分享贡献不大，但能够维系成员间情感并增加他们对社群的归属感和忠诚度，此外，成员对彼此的信任度和对社群的归属感越高，越能促进成员主动分享信息和知识。

4. 产品交易模式

产品交易模式有些是由成员主动发出买卖信息，有些则是伴随问题解决模式衍生而来，也就是产品销售人员或贩卖二手商品之会员与社群内其他成员进行产品交易、询问等商业行为。

---

① Wasko, M. M. , & Faraj, S. (2000) . It is what one does: Why people participate and help others in electronic communities of practice. Journal of Strategic Information Systems, 9: 155 - 173.

5. 干扰与反制模式

虚拟社群内经常会出现信息干扰者发表与讨论无关的文章、言论或转载，干扰者的行为可能是无心也可能是有意，社群成员多半不予理会，除非干扰者一再影响社群运作，其他成员便会抗议请求管理者处理。

三、异常状态的社群传播：基于公共危机的社群内部传播机制研究

加拿大著名传播学者 M. 麦克卢汉在《理解媒介：论人的延伸》一书中提出影响广泛的媒介观，即媒介即信息。他认为："所谓媒介即是信息只不过是说：任何媒介（即人的任何延伸）对个人和社会的任何影响，都是由于新的尺度产生的；我们的任何一种延伸（或任何一种新的技术），都要在我们的事务中引进一种新的尺度。"① 该观点强调的是媒介形式的变革会导致我们感知世界的方式和行为发生变革，乃至社会结构发生变革。每一种新的媒介都会改变我们过去的思维和行为习惯，"加速并扩大人们的功能"，即新的媒介导致我们在感知、思考与行为上引入了新的"尺度"、新的"速度"和新的"模式"，新技术除了对我们的思维和行为习惯具有重要影响，对我们的人际关系网络也具有重要的重塑价值。人类社会早期即以部落化的形式而存在，社会传播的主要方式是人际传播与群体传播，而随着工业革命的兴起，现代生产模式所建构的社会模式割裂了本应朴实而亲密的人际交往。人们基于血缘、地缘等的社会关系网被打破，人们以原子化的个体形式而存在，失去了面对面交流的生活，往往让人感觉生活缺少热情、失去了生机，人际关系网则被基于学缘、业缘等社会关系所重构，社会传播的方式主要以一对多的大众传播所主导；人们对人际交流和情感慰藉的需求越来越

---

① M. 麦克卢汉. 理解媒介：论人的延伸 [M]. 何道宽译. 北京：商务印书馆，2000：3-7.

来深刻，再加上以博客、微博、微信等为代表的自媒体传播技术的出现，这种需求促成的强大驱动力，把人越来越推向虚拟空间，使得人类社会得以重归"部落化"，尤其是微信群技术，使得基于血缘、地缘、学缘、业缘与趣缘为主的关系网得以在虚拟平台上并行不悖地存在，人际传播与群体传播方式得以回归，虚拟社群成为社会交往的最主要的平台之一，社群传播成为超越大众传播的最主要传播形式。

正如当年西尔弗斯通在研究电视进入人们的生活而获得日常性一样，2011 年以来风行的微信已然成为社会个体微观叙事和表达的重要方式，成为社会聚集的主要方式，人人都有理由建立一个群，害怕在群交流中缺席，微信群用一种半封闭、半公开的形式认证人际交往中的各种瞬间、各种关系，微信为情感表达提供了天然平台。微信使得社会个体在现实社会空间形成的情感纽带都可在虚拟社群得到延续。在虚拟社群中，有共同兴趣、爱好或在日常生活中有交集的社会个体聚合在一起，通过一系列的互动活动，使自己的社会交往需求得到满足，并在长期互动中使虚拟社群变得富有人情味和人格化，进而加深了对虚拟社群的价值认同与文化认同。

（一）相关文献探讨

社区的概念并不是网络时代的特有概念，从滕尼斯提出社区的概念以来，有关社区的概念和定义也很多，但基本可以概括为社区是基于血缘、地缘、学缘、业缘、趣缘或共同的历史文化背景和信仰、经历等而自愿或天然地聚集、连接在一起的人们所组成的团体。而随着网络时代来临，人们社会交往的方式越来越虚拟化，社区的地理属性开始被消弭，社群的概念开始取代社区概念在网络研究中被提及，如早期 BBS、人人网、微博、微信、百度贴吧、豆瓣网、天涯、知乎等，虚拟社群的显著特点包括以下特征：一是虚拟社群必须具备一定的连接点，可以是某种爱好、兴趣、过往历史或产品，也可以是某种行为；二是社群内部具有认可的规则，规则是虚拟社群共性得以维持的基础，缺乏良好规则的支持，社群共性会因新进者的加入而被稀释；三是社群具有一定边界，但同时又具备一定的复杂性和开放性，社群本身可消费元素的复杂性决定了社群的寿命，而可消费元素的复杂性需要一定的开放性作保证；四是虚拟社群拥有特有的文化、情感和心理的认同感，概括来说虚拟社群与一般网络社区最大的区别在于关系、情感和人格化。因此，不能说一群相同的人聚集在一起就是社群，还需要持续的传播活动才能把它连接在一起，从而构成虚拟社群，虚拟社群的真正价值是帮助人们在虚拟空间重构自我身份认同，因为人无法通过自我本身建立身份认同，只有通过关系连接起来的虚拟社群可以提供身份认同和归属感，这也是当下人们对虚拟社群最本质的需求。

1966 年布尔迪厄在《论知识分子场及其创造性规划》中最早使用了场的概念，场域可以被界定为在各种位置之间存在客观关系的网络（Network）或架构（Configuration），"正是在这些位置的存在和他们强加于占据特定位置的行动者或机构之上的决定性因素之中，这些位置得到了客观的界定，其根据是这些位置在不同类型的权力或资本（占有这些权力就意味着把持了在这一场域中利害攸关的专门利润的得益权）的分配结构中实际的和潜在的处境，以及它们与其他位置之间的客观关系（支配关系、屈从关系、结构上的同源关系等）①"。将虚拟社群置于场域视角之下的相关研究较多。张瑜②以水木社区为例，认为公社社会类型、科层社会类型和广场社会类型这三种类型的交往场域在 BBS 网络空间中同时存在，三者在规模、密度、互动频次、社群网络中心势等

---

① ［法］布尔迪厄等. 实践与反思——反思社会学导引［M］. 李猛等译. 北京：中央编译出版社，2004：137 – 138.
② 张瑜. BBS 网络空间的社会交往领域——以水木社区的实证分析为例［J］. 青年研究，2007（8）：22 – 29.

方面具有场域的不同特点。任娟娟①等以中穆网 BBS 社区作为研究个案，分析了虚拟社群中的社会关系和社会网络，认为网络虚拟空间是一个特殊的场域，是以"身体不在场"为特征的虚拟人际关系网络，是成员间以弱联系为主的社会网络，并认为讨论网规模最大，信息网和情感网次之，帮助网规模最小，并认为虚拟社群具有较低的密度和较弱的凝聚性特征；虚拟社群中仍呈现出一种陌生人为主的聚合程度较低的联结形式。汤景泰②则以 Facebook "表情包大战"事件作为分析视角，认为场域内视觉模态的话语是此次事件中网民制造舆论的主要方式，通过前所未有的社群集聚能力和议题设置能力，形塑了新的社会抗争场域与抗争形态。包咏菲③则以知乎社区为例，分析了虚拟社区成员知识共享行为，认为虚拟社群不但是交换信息和资源的场域，同时也是个体建构"他我"的舞台，信息分享行为本身就是在有意识地建构自我形象和寻求网络中的自我认同，并认为知识生产场域的满足不再是仅仅汲取内容而得到的满足，还包括使用媒介本身所获得的满足以及在社会交往所获得的情感满足。

以上研究均将 BBS、贴吧、Facebook 和知乎社区等作为虚拟社群，在场域的视角下借助某个具体个案进行了深入剖析，对了解虚拟社群在不同的技术平台中的虚拟空间传播机制和内部关系具有一定的价值，但对其内部的传播场域及对话机制的探讨还相对薄弱，对近两年刚刚崛起的新型虚拟社群——微信群的研究也欠缺，微信群与传统相对开放的虚拟社群之间还存在诸多差异。

关于虚拟社群中的社会资本相关研究不多。布尔迪厄曾指出个人拥

---

① 任娟娟. 网络穆斯林社群的历史记忆与族群认同——对中国穆斯林网站 BBS 社群的个案研究 [J]. 青海民族研究, 2008（2）: 43-48.

② 汤景泰. 网络社群的政治参与与集体行动——以 FB "表情包大战"为例 [J]. 新闻大学, 2016（3）: 96-101.

③ 包咏菲. 虚拟社区成员知识共享行为研究 [D]. 南京大学硕士论文, 2015.

有社会资本的多少取决于两个因素：一是"行动者可以有效地加以运用的联系网络的规模的大小"；二是网络中每个成员"以自己的权力所占有的资本的多少"①。随着社会网络分析的崛起，对社会网络中的社会资本测量则显得相对简单起来，主要是两个指标：一是中心位置（Central Positions），中心位置所传递的或是正式的权力，或是非正式的社会影响②，中心位置带来的资源会创造出更好地控制外部环境并减少不确定性的机会，因此处于中心位置的人是更值得信赖的；二是居间位置（Go‐Between Positions），咨询或建议关系一般包含了信息的流动和知识的传播，因此在建议网中处于居间位置的个人可以及时地获取重要的信息和知识③。不可否认的是，虚拟社会网络也存在社会资本，并且这种虚拟资本会促进网络成员间的信息共享，陈霖④研究了虚拟品牌社群的社会资本、知识共享对品牌依恋的影响，认为关系资本中的信任、社区认可及结构资本中的社会互动正向影响社群成员的知识共享，而关系资本中的互惠只对目的性知识共享有显著影响，对娱乐性、联系性知识共享的作用效果不显著；张馨忆⑤以"黎贝卡的异想世界"粉丝社群为例，研究了时尚类粉丝社群成员情感资本投入，认为影响粉丝型虚拟社群经济的关键因素是情感资本，情感资本则是由信任维系、忠诚度和

---

① Bourdieu, Pierre, The forms of capital, in Richardson, John G. （ed.）, Handbook of Theory and Research for the Sociology of Education, Westport, CT.：Greenwood Press, 1986, pp. 241 – 258.

② Brass, Daniel &Burkhart, Marlene, Centrality and power in organizations, in Nohria, Nitin &Eccles, Robert G. （eds.）, in Networks and Organizations, Boston：Harvard Business School Press, 1992, pp. 75 – 81.

③ Luo, Jar – Der；Chi, Shu – Cheng & Lin, David, "Who is trustworthy a comparison of social relations across the Taiwan strait", paper presented at the conference of North American Chinese Sociologists Association, Chicago, Aug. 14th, 2002.

④ 陈霖. 虚拟品牌社群的社会资本、知识共享对品牌依恋的影响研究［D］. 福州大学硕士论文, 2014.

⑤ 张馨忆. 时尚类粉丝社群成员情感资本投入研究［D］. 暨南大学博士论文, 2016.

情感体验三个因素组成。以上研究对社群中的社会资本研究强调的是社会资本作为一个关键因素对其社群内部的影响，而对虚拟社群内部的社会资本的多寡、社会资本与话语表达方式的影响还有待加强。

　　虚拟社群是否存在公共领域的研究也是学界比较关注的问题。不同的研究者得出的结论不尽相同，争议相对较大。在国外的研究中，马克·博斯特（Mark Poster）① 认为，"把虚拟的网络论坛看作是正在演进中的公共领域是一种误解。这样的理解忽略了网络'咖啡屋'和传统公共领域的巨大差异"。道格勒斯·卡尔纳（Douglas·Karnak）② 则相对乐观，重点分析了技术的演进与公共领域关系，他认为起初的无线电广播、电视广播媒介以及现在的计算机，为信息、辩论创造了新的公共领域和空间。国内的研究则主要集中于以下几方面：一是网络媒介技术对于公共领域的重构，孙海燕③以"物价上涨"事件为个案，选取强国论坛及猫扑论坛上的文本内容，认为 BBS 论坛扩大了公民的"表达自由"，发挥了公共领域的功能；二是在网络空间存在公共领域的前提下，这种虚拟公共空间存在的问题，如张小丽（2012）以"艳照"事件为研究个案分析了网络公共领域公共性缺失的原因包括了传统的"公私不分"、消费文化下大众的"窥隐心理"和"商业逻辑"以及网络媒体本身的错误定位等，汪振军④等以范玮琪阅兵晒娃事件为例，探讨了网络公共领域的道德绑架与交往理性问题，认为网络空间公私领域虽有融合，但必须有相应的界线。个人与群体之间不应有强硬的道德绑架；三是探讨网络公共领域与政治之间的关系，认为网络虚拟空间中的

① Mark Poster. "The Net as a Public Sphere?", ［EB/OL］. http：//www. wired. com/wired/archive/3. 11/poster. if_ pr. html.

② 道格拉斯·凯尔纳. 技术政治、新技术和公共领域［EB/OL］. http：//www. laixx. com/article/136/138/show/3668_ 4. html.

③ 孙海燕. 网络传播与当代中国公共领域建构［D］. 同济大学硕士论文，2008.

④ 汪振军、韩旭. 网络公共领域的道德绑架与交往理性——以范玮琪阅兵晒娃事件为例［J］. 郑州大学学报（哲学社会科学版），2016（9）：149－153.

公开讨论有利于促进政治民主发展，如马军（2015）[①] 认为网民通过网上发表言论和监督公共权力这样两种方式进行网络政治参与，进而建构其网络公共领域。然而，网民言论的自由泛滥倾向易产生负面影响，从而不利于网民有效地进行政治参与；四是对具体领域中的公共场域的研究，如王昀[②]对线上游戏社区进行了研究，认为"游戏"提供了公共化的传播结构与用户自主的社区建构方式，公共领域的动力包括了保护私人领域存在、维系社区知识生产机制以及塑造用户线上、线下空间的社会地位，线上游戏社区的传播内容存在一种包含了游戏世界、日常世界与政治世界的公共舆论气候，政治意志与资本力量在此之中影响着社区成员的行动秩序，与用户形成了相互依赖的权力关系。综上可以看出，大多数学者对虚拟空间的公共领域建构持审慎态度，但对微信群等新型虚拟社群中的公共领域以及公共领域内部讨论的公共理性的审视还相对较少。

结合以上的相关文献探讨，本书主要研究的问题如下：

一是微信群作为一种特殊场域空间的虚拟社群内部的话语权力关系与结构如何？社群内部存在意见领袖，话语不平权现象是否依然存在？社群内部存在几个子群体，哪类子群体在主导社群话题生产？

二是线下社会资本的代入是否会影响虚拟社群内部的讨论机制？

三是微信群代表的新型虚拟社群的公共领域属性是减弱了还是增强了？

四是议题属性对虚拟社群内部结构的影响机制如何？

（二）研究设计

1. 研究对象

本书选取中国人民大学某学院某微信校友群（500 人）对雷某非正

---

① 马军. 中国网络公共领域构建初探 [J]. 前沿, 2015（4）：59－61.
② 王昀. 另类公共领域？——线上游戏社区之检视 [J]. 国际新闻界, 2015（8）：47－66.

常死亡事件的讨论作为研究对象，该群要求实名并标注入学年限，是基于学缘的半实名群。2016 年 5 月 7 日晚雷某事件发生，5 月 9 号被雷某的同学、知乎社区的高级用户@山羊月在知乎社区上发布，随即当天下午四五点钟在人大校友朋友圈中被刷屏式传播，迅速成为网络热点事件，该事件属于社会公共事件，涉及"中产阶层"、公权力执法等一系列目前中国的核心公共问题，具有一定的代表性。

选取校友群作为研究对象，一是校友群作为基于学缘而形成的虚拟社群，在微信群中具有重要的代表性，并且雷某作为人大校友，在校友中反响强烈，具有强烈的相关性，讨论的热度较强；二是该学院校友群目前有 5 个群，而校友一群是学院校友中最早成立的微信群，是院友中相对比较核心的人群，并且正好是微信群的最高上限人数 500 人，校友圈边界清晰，具有较强的研究价值；三是该群内人数稳定，没有流入或流出的情况，很多是"明星院友"，存在同一年级、班级互相认识的情况，即既有熟人网络又有陌生人网络，互动频度高于一般微信大群。

2. 数据采集方式及处理

导出微信群数据信息，字段包括有 ID（微信号名称）、时间（具体到秒）、联系人（群昵称）、状态（是否接收）、类型（具体区分为系统消息、文本、视频、动画表情、图片、小视频等）、消息（文本内容）等。

由于微信社区是半封闭的社群，数据本身涉及成员隐私，本书在处理时将参与讨论的用户隐私进行匿名化处理，均采用编号，即参与讨论者 n1、n2、n3、n4 等以此类推，分析过程中不涉及每个个体用户的任何隐私。

3. 研究时间

本书数据搜集的时间是从 2016 年 5 月 9 日 13：50 雷某事件相关信息第一次发到样本群讨论时开始，每天准时进行数据搜集，10 天内，校友群讨论数量结果如表 5 - 3 所示。

表5-3 校友群日讨论数量

数据搜集时间	数量（条）
2016/5/9 13：50	0
2016/5/10 13：50	514
2016/5/11 13：50	263
2016/5/12 13：50	506
2016/5/13 13：50	182
2016/5/14 13：50	190
2016/5/15 13：50	17
2016/5/16 13：50	50
2016/5/17 13：50	11
2016/5/18 13：50	49
2016/5/19 13：50	86

从上表可以看出，前五天的频度最高，分别为514条、263条、506条、182条和190条，共计1655条，自5月15日起，处于信息空白期，并无新的信息源介入，而后续几个月的讨论数据也再没有形成比这五天相对集中的讨论，因此将前五天（2016年5月10日至14日）的全样本作为分析对象。这五天基本上是在全部讨论这一核心话题，至此之后话题渐渐变散。在这五天中讨论非常集中，仅有五次题外话：约人打球、求助介绍国画老师、群内寻人、发错消息和关于人大网红讨论，参与人数不超过4个，共有相关消息11条。需要说明的是，转发的网络链接不属于本书分析的对象。最终搜集有效话语条数1644条，作为本书分析的话语链。

4. 研究方法

根据以上的研究假设，本书主要使用的研究方法是社会网络分析与文本分析。

（1）社会网络分析

本书选用社会网络分析方法研究虚拟社群内部的传播关系与话语权力结构。社会网络分析又被称为结构分析，不仅是对关系或结构加以分析的一套技术，还是一种理论方法——结构分析的观点，社会网络分析学者认为社会学的研究对象应该是社会关系，而非具体的社会个体，因为作为个体的人是多样的，而唯有其关系是相对稳定的。社会网络分析在研究视角上可以大致分为两种：一种是关系取向（Relational Approach），另一种是位置取向（Positional Approach）。所谓关系取向主要研究的是社会行动者的社会联结——密度、中介性、强度、对称性、规模等。位置取向主要关注的是社会行动者之间社会关系的模式化（Patterning），不同行为个体在结构地位上是否一致，强调用"结构等效"（Structural Equivalence）来理解人类行为①。本书将微信群中的用户均视为一个节点（Node），将微信群中的消息之间的直接对话或直接@某个用户形成的对话关系视为一次联系（Tie），形成共现矩阵数据，选取社会网络分析软件 UCInet 6.0 进行分析。

（2）文本分析

本书将校友发表的相关信息文本作为研究对象，不仅仅从简单内容进行量化分析，还要结合文本背后的结构与意义，借助结构主义和语言学的分析方法，对文本内容进行挖掘与发现，探索意义的不同解读方式和文本中所隐藏的意识形态力量，探讨文本书写背后的场景化因素与"在域"表达。

（三）公共危机语境下虚拟社群的特征分析

本书借助布尔迪厄的场域视角来分析虚拟社群，布尔迪厄在其著述中对如何分析一个场域有详细说明，认为至少要有如下三个步骤和立足点：

第一步，要分析场域所在的元场域下的相对位置，元场域包括了政治场域、经济场域、文化场域，这些元场域对存在于这个社会上的任何一个场域都具有或大或小的"元场效应"，由于本书研究的是微信群对

---

① 李彪. 网络事件传播空间结构及其特征研究——以近年来 40 个网络热点事件为例 [J]. 新闻与传播研究，2011（3）：90 – 100.

公共事件的讨论，在此不对微信群的元场域进行分析；

第二步，要廓清和勾画出整个场域中的行动者所占据的位置之间的关系结构及其类别，场域内不同行动者占据着不同位置、掌控着不同量的资本，决定了该场域的特质和内部关系结构。布尔迪厄把资本分为三种基本的形式：社会资本、经济资本和文化资本，各种资本在一定场景内又可以互相转化，而三种资本之间的关系、兑换及兑换率的问题，是透视社会空间结构和其中关系的最好纬度；

第三步是分析行动者个体或组织的"惯习"，在布尔迪厄看来"惯习"是由沉淀于个人身体内的一系列历史的关系所构成，是社会行动者通过一定的积淀、以内在化的方式获得的社会知觉、评判和行动的各种身心图式，是一种社会化了的主观性，场域塑造着个人的关系，惯习是场域在个体身上的社会属性烙印，同时，惯习在一定程度上改变着场域，惯习为场域赋予了感觉和价值，也使得场域具备了绚丽多彩的画面。结合以上的分析步骤，本书首先分析微信群内部的关系与结构，其次分析微信群中"行动者"互动的文本所体现出的"惯习"。

1. 虚拟社群的传播场域与结构

（1）"广场政治"："少数人的狂欢"

微信群的上限为 500 人，参与雷某事件讨论的人数为 132 人，占到总体的 26.4%，剩余的是"沉默的多数"，这个数值很接近邓巴理论的数值①，说明小世界理论依然符合虚拟社群的内部交往机制，其中发言数量最多的前五名（1%）用户的发言频次占总体发言的 32.1%，占到总体发言量的近 1/3，少数人主导了微信群的交流，用户生产内容（UGC）存在不平衡性。少数人贡献了大多数的微信内容，大多数人都

---

① 英国牛津大学人类学家罗宾·邓巴研究发现，每个人最紧密的交际圈子其实只有三五个人，然后是 12—15 人，再然后是 50 人，个人能支配的最大的稳定社交人数也不过是 150 人，这就是有名的邓巴理论。

是沉默的人群，要么是默默"潜水"，要么是屏蔽了该微信群的消息通知，这种情形依然像是一种广场讨论，只有几个人聚在一起，有几个有可能上去参与插上一嘴，但大多数人是路过的"路人甲"。微信虚拟社群虽然从技术逻辑的角度来看与以往的网络社群较大不同，但在社会公共事件讨论中依然是一种广场式的松散讨论，也有学者将之形容为社群交流的"舞台效应"①，并非是公共领域理论所描述的大多数人参与的"沙龙政治"与"客厅政治"。

这一现象通过社会网络密度也可以得到印证，社会网络密度体现的是社会网络图中各个节点之间联系的紧密和互动程度，节点之间的联系越多、互动越频繁，关系网的密度越大，表明网络成员之间的联系越紧密，互动越多②。经过测算，校友群网络的密度为 0.039，与之前研究者研究上海某高校某院系毕业生微信群（500 人群）的密度（0.0885）一样都偏低③，网络并不像以往的研究呈现的那么紧密，虚拟社群的互动并不紧密。

另外，在参与雷某事件讨论的 132 个参与者中，还有 13 个用户是自说自话，并没有引起其他用户的对话，占到总体的近 10%，一定程度上说明虚拟社群内部并不是那么"友爱"，虚拟社群内部的归属感并不是很高。

（2）虚拟社群内部角色的圈层结构

将校友圈中 132 个参与讨论的用户借助 UCInet 中自带的 NetDraw 软件画出了其互动的社会网络分析图（见图 5 - 6）。

---

① 禹卫华. 微信群的传播分析：节点、文本与社交网络——以三个校园微信群为例 [J]. 新闻记者，2016（10）：61 - 65.
② 斯坦利·沃瑟曼，凯瑟琳·福斯特. 社会网络分析：方法与应用 [M]. 北京：中国人民大学出版社，2012：106.
③ 斯坦利·沃瑟曼，凯瑟琳·福斯特. 社会网络分析：方法与应用 [M]. 北京：中国人民大学出版社，2012：106.

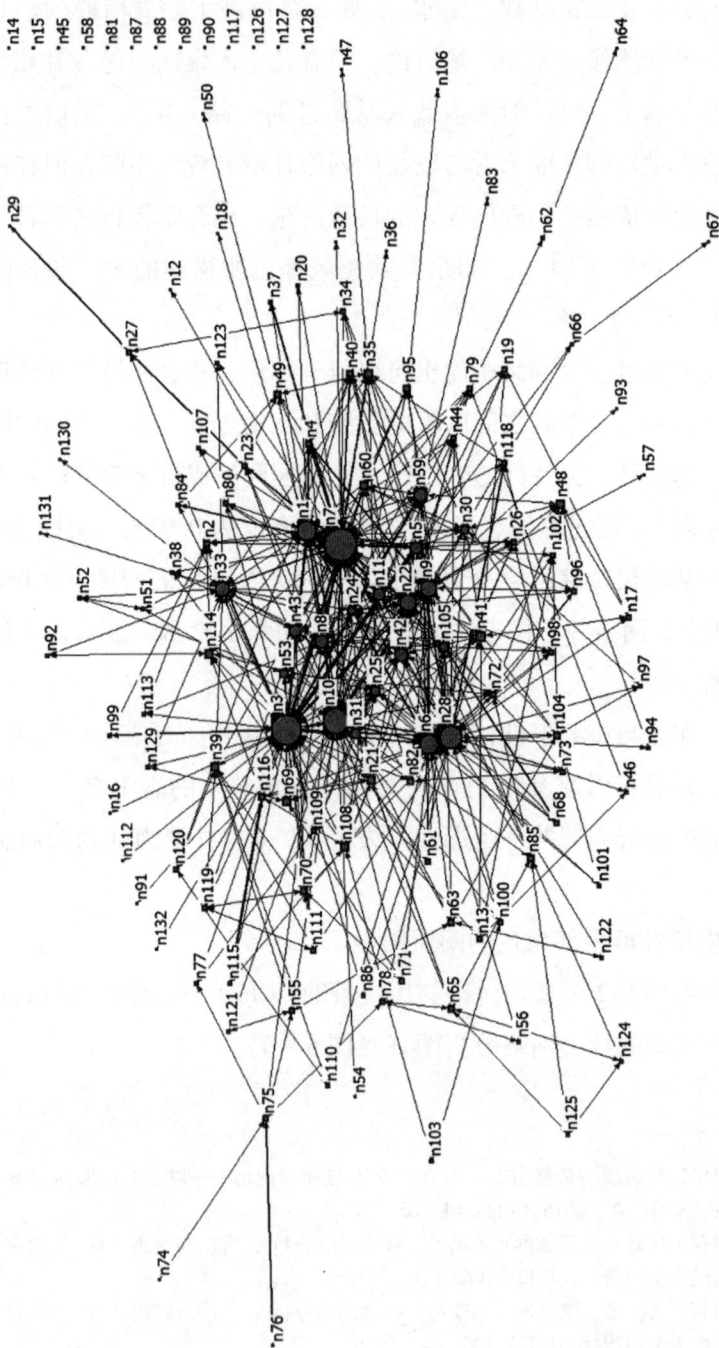

图 5 - 6 校友群对霾某事件讨论形成的社会网络分析图

从下图可以看出，在微信群中一般存在两种结构并行的景观，最外层是一个松散的、扁平化的、去中心性的总体结构，最里层紧紧包裹着一个联系较为紧密的、权力集中的小核心群体。

使用 UCInet 中的 Network→Role&Position，选择 Structural，再选择 Profile，选中要分析的数据文件，然后选择"Euclidean Distance"，Euclidean Distance 数值越小，说明结构越同型，两个人扮演类似的角色，在本研究者，参与讨论的 134 人大致可以划分为以下五种角色类别：意见发起者、信息扩散者、意见争论者、边缘参与者以及自说自话者。

意见发起者与意见领袖之间存在角色差异，意见发起者是最早发起话题的群成员，意见发起者有可能在话题发起之后就不再发言。本群的意见发起者为 n1，n1 首先把雷某事件搬运到群里，但 n1 不仅仅承担了意见发起的作用，而且其发言的频度、获得回应的次数和认同度都较高，具有话题引导的作用。该群体的数量在整个虚拟社群中的比重不高，一般在 1% 左右，在本群中意见领袖主要是 3 个人，分别为 n3、n1、n7 三个节点，其中 n1 既是发起者又是意见领袖。这 3 个关键节点虽然都扮演核心意见人群，但在其中扮演的角色也不尽相同：n3 是工作 10 年的资深媒体人，因观点新锐不断跳槽，现运营自媒体账号，在讨论中其不断扮演着话题转向的角色，从最早把话题从对嫖娼 3 细节的争议中转向了对嫖娼处罚中 6 个月拘留的讨论、从对雷某事件的讨论转向移民的话题等，对议题控制能力强；n1 是中央级大报的记者编辑，无论是事件的最早爆料还是事件处理的过程，不断引入外部信息和话题；n7 是中央级科技媒体的记者，属于刚进入职场 2 年的新人，对社会的观察热情度高，不断对别人的信息提出分析的视角；以上三者都属于意见发起者和话题的主要讨论者，在整个社群中发言频度和回复别人的频度都较高，但由于虚拟群体对社会资本和真实交流场景具有一定的"遮蔽"效应，因此在意见引导和优势意见获取上并没有线下意见领袖绝对优势，在虚拟社群中主要通过议程设置、议题解析、发表观点和确定结论等几个方面来实现。

话题扩散者是在群内负责将意见和信息扩散出去的群体，主要是出度高、入度低的节点，微信群发布新的消息在没有被设置信息免干扰的情况下，会提醒使用者有新的意见出现，话题扩散者并不发起意见，而是跟随意见发起者，热衷于回应群内其他成员尤其是意见发起者的信息，多是认同和点赞，经常说的是"不能再同意""完全赞同"，甚至直接@意见发起者表示赞同，而主动意见发起很少，即点出度（Outdegree）明显高于点入度（Indegree），起到将"意见链条"延长的作用，这类群体占到整个网络的10%左右，主要集中在80初和70末的用户为主，生活的历练学会了赞美和满足。

意见争论者主要是与意见发起者的观点相左者，针对意见发起者提出自己的质疑，希望获得群体中其他人的支持或关注，这类群体的比例很少，在本群里有5人，主要是对意见发起者的观点提出不同的看法，占到总体的1%左右，但结果往往是形不成很好讨论氛围，要么是发言即走，下次不再出现和回应，要么是基于对雷某是否嫖娼的问题上，意见相左者认同嫖娼说，立刻引起否认嫖娼说的群体围攻，甚至使用"胡说""你以为自己不会是下一个？"等语气强烈的质疑。意见相左者群体的最大特征是流动性较大，无法确定具体是哪些成员，因事件而异。

边缘参与者是整个讨论者的主要群体，占到总体的80%左右，则是偶尔在某个话题讨论中出现，其发言量和回复量很少，可用个位数来衡量，更像是一种随机行为，看到话题了即发表一些看法，获得简单的一些回应，其与意见争论者还存在差异，其目的不是凸显自己的不同，很多是简单的意见跟从。出现边缘参与者的原因之一是社群成员间的信任度不够高，虽然此群是基于学缘的半实名群，但很多成员在线下并不认识，还有个别成员没有自觉标注身份，因此部分成员对其他成员有一定的戒心，正如n3在群里多次提醒大家社群内是公共场所，需谨言慎行；还有一种情况是受现实生活中身份的影响，不便发言，只有在自己特别感兴趣或有需求的时候才参与讨论。

自说自话者在图 5-6 中就是孤立存在的节点，主要是扮演群与群之间的话题搬运和群内话题输入，将别的信息搬运进来，基本上没有别人的回应，本身不生产观点和信息，没得到回应有两种可能，一是重复信息或是延后信息；二是原本就是对他人话语的简单附和，比如"赞!""同意!"之类。孤立的节点数量占到整个群体的 10% 左右。

这五种角色按照圈层结构排列，核心层是意见发起者，角色和群体相对稳固；次核心层是信息扩散者，意见跟随和延展话语链条，群体也相对固定；次外层是意见挑战者和争论者，流动性较大，往往因规模和社会资本劣势而选择"沉默"或"退出"；最外层是边缘参与者，是整个虚拟社群的主体人群，选择性参与一些议题的讨论；在讨论层以外则还存在一个游离层，即一些相对孤立的自说自话者，主要扮演议题的搬运与输入，并不以参与讨论为目的。

在对微信群进行的子群分析中发现，将子群规模限定在 6 个，可以得出子群数量为 15 个；而将子群规模界定在 7 个，则子群数量为 0，说明大规模的子群没有，子群成员数为 6 个左右，共有 15 个子群，相对较为分散。每个子群的参与者都在变动，虚拟社群中的子群具有动态性和开放性，这些子群在为整个网络制造和输入话题，在主导着整个讨论网的话语转向，这种结构一方面将整个话语讨论网凝聚起来，另一方面也会阻碍网络中资源和信息的流通。

（3）虚拟社群内的社会支持与"社会资本局部放大"

将社群中参与讨论者的意见的支持度作为因变量，将群昵称变化、发言频度、点出度、点入度、性别、毕业年限、工作单位、职称、职务级别等作为影响因素，进行多因素 Logistic 分析，考察意见优势地位获取的影响因素，相关变量如表 5-4 所示。

表 5 - 4　微信群内部的社会支持及其影响变量

因素	变量名	赋值
网络支持度	Y	反对 = 1；中立 = 2；支持 = 3
使用真名	X1	否 = 1；是 = 2
发言频度	X2	40 次以下 = 1；41—80 次 = 2；81—120 次 = 3；120 次以上 = 4
点出度	X3	20 次以下 = 1；21—40 次 = 2；41—60 次 = 3；60 次以上 = 4
点入度	X4	20 次以下 = 1；21—40 次 = 2；41—60 次 = 3；60 次以上 = 4
性别	X5	男 = 2；女 = 1
毕业年限	X6	5 年以下 = 1；6—10 年 = 2；11—15 年 = 3；15 年以上
初始上人大的学历	X7	博士 = 1；硕士 = 2；本科 = 3
工作单位	X8	政府机关 = 1；事业单位 = 2；央企 = 3；新闻媒体 = 4；企业 = 5
职务级别	X9	一般人员 = 1；科级 = 2；处级 = 3

经过分析，以进入水准 a = 0.05，剔除水准 β = 0.10 为标准，作 Logistic 回归分析（后退法）。相关结果如表 5 - 5 所示。

表 5 - 5　社群支持度的相关因素 Logistic 分析

变量	回归系数（β）	标准误 SE	Wald	p 值	OR
使用真名	0.662	0.633	1.093	0.029	2.939
发言频度	- 0.408	0.302	1.822	0.177	0.665
点出度	- 0.031	0.374	0.007	0.934	0.969
点入度	- 0.103	0.072	2.079	0.149	0.090
性别	0.403	0.456	0.78	0.377	0.669
毕业年限	0.324	0.169	3.69	0.055	1.383
初始上人大学历	2.741	0.73	14.114	0.001	1.578

续表

变量	回归系数（β）	标准误 SE	Wald	p 值	OR
工作单位	1.22	0.346	12.469	0.001	0.295
职务级别	−0.916	0.347	0.587	0.213	0.382

从数据结果来看，影响社会支持的主要自变量有使用真名、毕业年限（接近于显著）、初始上人大学历和工作单位，即使用真名会提升在网络中的社会支持度，在实际发言中，使用真实姓名的成员会特别注意保护自己，23条撤回消息中主要是实名的成员，微信在成员个体中已然是一个开放的场域；由于校友群是以学缘为纽带勾连起来的，因此毕业年限和初始上人大的学历在其中扮演很重要的角色，在实际统计中，发言者多是本科就在人大就读，这类成员表现也相对活跃，具有所谓的身份优势感和群体归属感。工作单位依照政治的向心度排序，与政治的向心度越低获得社会支持度越高，主要是在政府事业单位工作的成员的社会表达话语更接近政治表达话语体系，而在媒体等政治向心度并不高的单位则表达相对"大胆"与"尖锐"，获得的社会支持相对较高，即"屁股决定脑袋"。而个体在群中的发言频度、点出度（主动对别人说）、点入度（别人主动说）和社会支持并无显著的相关关系，说明"话痨"也不一定获得其他成员的认同。综上，作为学缘型社群，入学的年限和阶段是决定社群支持度的最重要因素。

社群中时刻进行着等级、身份、地位、话语权等社会资本的博弈与角逐，但线下社会资本与社群内的社会资本并不是完全的等价兑换，或者说这种兑换机制是不完整、破碎的，在基于学缘的微信群中，只有入学年限与初入人大的原始身份成为社会资本的显性因素，在聊天中经常出现的称谓是"师兄""师弟"；而其所在的单位与职务级别则因为网络空间"遮蔽"而没有完成有效"兑换"，这就是虚拟社群内部的"社会资本局部放大机制"。

2. 虚拟社群的话语空间

对整个讨论的消息的文本类型进行统计，可以得出文本符号的类型依次为文本（含表情的文本也算作文本，占总体的86%）、网页链接（7.7%）、截图（3.6%）、系统消息（消息撤回时发的系统消息，1.7%）、表情（1.0%）、小视频（0.01%）。

（1）社会语义网与话语空间

将所有的话语讨论文本进行词频分析，选取 TOP50 的高频词进行词云分析，相关结果如图 5-7 所示。

图 5-7　校友群有关雷某事件的话语讨论文本高频词云图

从图 5-7 可以看出，在整个话语空间中，民众最关心的话题是是否嫖娼（134 次）、死亡（46 次）和真相（42 次），所有的话题指向主要是以上两个核心话题：是否嫖娼和死亡真相。而整个事件所涉及的核心主体是警察（108 次，如果把警方也算作其中，总计是 196 次）、人大（49 次）、家属（48 次）、校友（46 次），即警方、校方和家属是主要讨论的关涉主体。

议论的焦点是生命（26 次）和道德（23 次）孰轻孰重的问题，从词频上看，虽然总体来看在讨论中生命相较于道德更为重要，但不存在说服问题，两者的争议存在始终。撤回一条信息的系统通知为 22 次，这些撤回消息主要是基于自我保护，进行有目的性撤回，很少是因为错误造成的，成员间还笑谈过"阅后即焚"功能，并已有 3 人退群。这说明微信群的成员对微信群的基本定位依然为公开性空间存在一定的风险性，防止自己的发言成为截屏，一定程度上说明线下话语空间的规训在网上空间具有一定的延展性。

在整个讨论话语链中存在明显的话题转移与改变现象。依照时间序列变化，整个话语空间的话语链的流变顺序为死亡的真相—道德重要还是生命重要—警方抓嫖娼的细节—移民，说明整个话语空间并不是一成不变的，虽然有些话题在不断被提及，但整个话语链是在不断演变的，微信群话语空间是一个共时态与历时态相交融的空间。

需要说明的是，在整个高频词中"校友""师兄"和"师弟"等称谓在整个话题讨论中扮演着重要的价值，维系着社群的公共讨论，除了标签化以外，还具有重要的"社群仪式"的价值。涂尔干曾在《宗教生活的基本形式》一书中指出，仪式是一种达到社会团结的方式，它具有社会"凝聚"的功能①。师兄、校友等称谓不断在社群中出现，本身就是进行一场仪式活动，仪式通过身份性的象征符号体系的表演、集体记忆的再现、在场体验的共享等方式，对整个社群的身份认同、空间边界和时间厚度等进行建构，从而产生强大的社群整合力量，进而使得内部行动者获得强烈的社群认同感与归属感。在笔者看来，身份标签的使用并不是简单的称谓，更多的是一种仪式活动，这种活动会强化社群内部的凝聚力，形成和强化"我们"的共同感与"社群精神家园"

---

① ［法］涂尔干. 宗教生活的基本形式［M］. 北京：商务印书馆，2011：433.

的归属感，对维系学缘型社群具有重要黏合剂的作用。

（2）话语弥散性与自我身份认知诉求

微信群中的发言相较于其他社群具有显著的差别，无论是之前的BBS还是微博等，基本上所有的讨论在围绕这一个语义链而展开的，是单链条的话语表达，而在微信群中，接近于"广场表达"，每个人都可以随时表达，因此话语表达往往是离散的、弥漫的，经常是多个话语链并行不悖地在虚拟社群中存在，各说各的。如在雷某事件的讨论中，很多人就死因问题而展开，还有两三个人就嫖娼的细节及处罚的合理性展开了辩论，甚至最终偏移到"移民"等话题。

另外，微信群中的话语书写与一般文本书写不同，微信群的书写更多的是希望在社群中获得更多的社会资源，占据有利的社群地位，追求的是自我身份认知，在"空间"内部时刻展开着身份、地位和话语权等的博弈与角逐，入群后一般要求群成员更改自己的入学年份，本科、硕士和博士都需要标注，这本身是一种身份建构过程，入学年份往往成为掌握优势话语权的重要屏障，入学早的自然展现出更多的优越性和话语控制欲，强调自己的"师兄"或"师姐"身份，在话语表达中努力将自己的资历、见解和地位进行有机地融合，完成话语表述和自我身份的展现，文本表达中经常有"拥护××师兄意见"等，确切地说，社群中的行动者的自我表达总是不可避免地要和自己的生活背景和个人经历、所属群体的规范、群体之间相互关系等影响因素相关。在自我的地位想象和别人对其身份的互动认同中完成在社群中定位的"仪式"。

（3）选择性"话语训诫"和"社群礼仪"失范

微信已经成为社会最主要的虚拟社交平台，平台中的人际关系连接逻辑多元，是"熟人网络""弱联系"和"陌生人关系"三者的结合体。微信群是陌生人关系的主要形式，微信群都有一个共同点——入群门槛是基于一种"原始身份"，而没有"价值筛选"，虽然都是校友或者院友，并不是每个人都互相认识，每个人入群的动机和目的不尽相同，因此在这样的群里，不会自动发育出一套完整的"社群礼仪"。

在日常议题中，招聘、寻找帮助、自我推销类的消息不少，建群时就有身份标注的要求，但依然有成员不实名。曾有不成文的规定是求助必须发红包，但大多数人只是抢红包并未提供帮助，后来再遵循求助发红包的成员就少了。还有人把群当作是自我宣传的平台，多次发布自己的作品，只专注于扩大自身影响，很少获得回应但乐此不疲，却极少参与群里的相关时事讨论，比如雷某事件的讨论。在群里，还有一类特殊人群，即是学院老师，受线下身份的影响，这些角色发起的话题往往容易一呼百应。这些既是网络社交礼仪失范的注脚，也是某些现实关系的延伸。

社群礼仪的缺失带来了各种失范问题，其中最典型是话语压制，甚至发展成为话语暴力，由于缺乏展开理性对话的场景和规则，在观点相左时最容易出现话语压制，自认为掌握优势社群资源者会带着"先验式的自信"和"主人翁式的轻视"来压制刚入群的或者入学年份比自己低的社群成员，如在表达中使用"不要胡乱说""我们中有叛徒""你将会成为下一个雷某"等带有暴力意味的文本来获得自身话语表达的合法性，减少别人对其话语或权威的质疑。但这种话语压制具有选择性，对自己比较熟悉尤其是在社群中掌握的资源比较多的成员（主要体现是入学年份早）却表现出无底线的支持和赞同，某种意义上可以看出虚拟社群的表达符合"丛林法则"，缺乏匿名性表达的"面具式"的公共理性。

（4）"想象的公共领域"与公共理性缺失

公共领域是介于国家领域和私人领域之间的中间地带，哈贝马斯①认为公共领域应具备三个条件：一是成员应具有独立人格和批判精神，能够就普通的利益在理性基础上就公共利益问题展开讨论的私人；二是

---

① 哈贝马斯. 公共领域的结构转型［M］. 曹卫东等译，上海：学林出版社，2004.

拥有自由交流、充分沟通的媒介；三是成员能够达成共识形成公共舆论。公共领域强调的公共性包括个体自由的表达、"差异性的同时在场"、个体彼此尊重、对话协商，经由"理性辩论"形成社会共识。微信群显然不具备这些特征：一是微信群本身是少数人的"狂欢"，参与其中的成员存在着表达接近权的不平等和话语权压制的不平等现象；二是微信群作为一种新型社交平台，其固有的技术本质属性是一种"广场媒介"，缺乏"电子咖啡厅"或"电子沙龙"的底层架构，不可能自由充分表达交流；三是虽然议题具有公共性，但由于信息具有易于被操纵和网络霸权的存在，所谓的"舆论共识"也可能存在被压制与被伪造的风险。从这个意义上可以说，微信群并不具备想象中的公共领域的属性。

微信群中还存在对公共性进行消解的重要现象，微信群呈现出全新的话语叙事逻辑，即由普遍化、同质化的"宏大叙事"的话语体系转向生活化的"微小叙事"的行动范式，存在着"公共事件的私人化"和"私人话题的公共化"特点，公私界限模糊是微信群制造的最重要的虚拟环境，也可以称为一种"拟态环境"，在这个环境下，任何公共话题都可能被八卦化和无厘头，被拿来戏谑和调侃，如在探讨雷某事件中，很多人就嫖娼的细节和价位等展开讨论，试图扮演所谓的"老司机"的角色，展现社群中独特的自我形象认知，还有微小话题就警方摄像头配备情况等细节内容展开。微信群中的公共性被私人性与公共性相结合的方式所取代，一种全新的"微观化公共领域"独特景观形成。

从这个意义上说，未来的公共事件治理不应该只在国家领域和公共领域范围内、"宏大叙事"的话语逻辑下展开，更应该打造全新的"微观"叙事逻辑和"微观化公共领域"。

3. 不同议题对虚拟社群的场域结构影响

作为一种学缘型社群，内部时刻在进行着话题生产，雷某事件只是其中讨论的话题之一，笔者对 2016 年 4 月到 5 月雷某事件发生前一个月的话题进行回溯梳理，主要涉及了 20 个话题，基本是私人话题，分别为中国影响力学者网络票选、约喝茶、寻人、找工作、房屋违约、炒股、幼儿园、转基因、招聘求人、人大美食、校友创业等。其中 8 个话题没有形成话题，主要是以微信转发的新闻为主，最主要的讨论在网络投票和房屋违约两个话题上。为了与雷某公共事件对比，笔者选取了 2016 年 4 月 10 日至 14 日之间的话题讨论作为参考对象，一是该时间段与雷某事件接近；二是该段时间内公共事件较少，主要是私人事件为主，相关信息条数为 234 条。与雷某事件发生后的话语空间进行对比，进行社会网络分析，得出两个讨论网络的参数如表 5 - 6 所示。

表 5 - 6　公共话题与一般话题讨论网的属性特征综合比较表

公共话题讨论的社群		一般话题讨论的社群	
属性名称	属性值	属性名称	属性值
节点数	119	节点数	75
连接数	552	连接数	234
密度	0.039	密度	0.012
平均度	10.167	平均度	3.613
包容性	67%	包容性	84%
弱成分	5	弱成分	9
强成分	21	强成分	14
互惠性	0.265	互惠性	0.785
聚类系数	0.237	聚类系数	0.104
平均距离	2.722	平均距离	2.685
网络直径	6	网络直径	6
网络效率	0.876	网络效率	0.831
网络层级	0.563	网络层级	0.327

从表 5 - 6 中可以看出，差别比较明显的属性是连接数、密度、平均度、包容性、互惠性、聚类系数、连通性和网络层级。连接数指的是

点与点之间连通的线的数量，连接数越高说明在全网中彼此联系越多，密度、平均度等和连接数表现的含义基本一致，均表示的是社群内信息流动和成员互动的频度，对雷某事件的讨论要远高于私人话题的讨论频度，公共事件更能吸引成员参与社会讨论，微信群具备了社会对话平台的基本功能，只是这种对话的理性和质量另当别论。

包容性是衡量社群内部话语讨论中对异质信息的包容程度，系数越高包容度越高，通过比较可以看出，公共话题讨论网的包容性反而比私人话题更低，这与以上分析中认为在公共话题讨论中，很容易通过"道德标签""身份标签"等话语训诫方式进行"话语权压制"现象；私人话题由于公共属性较低，与"道德"等宏大社会秩序存在很大距离，因此话题自身的开放性反而较高。

与包容性相一致，互惠性是衡量社群内行动者之间信息交换互惠的程度，由于公共事件话题的讨论网包容性稍弱，因此在互惠性上也相对较低，在公共事件话题讨论中经常发生的是话题的畸变现象，话题本身的延续性不如私人话题，因此其在互惠性必然会有所下降。同样的道理，因为两类话题讨论网中的子群成分复杂程度不同，聚类系数也不尽一致，公共事件话题讨论网较高，因为在讨论中很容易分为认可嫖娼说和坚定否认嫖娼说的两个派别，私人话题本身具有碎片化和零散度，因此聚类系数相对较低。

从网络层级来看，网络层级值越大，越存在层级，强势意见越占据上风，从表5-6可以看出，公共事件的话题讨论网层级最多，网络层级系数越大，信息在这个网络中集中程度分化最明显，优势意见有"沉默螺旋"旋转之势；而私人话题的讨论网则层级较少，信息在网络中分布比较均匀。

强成分和弱成分在两类话题讨论网也不尽相同，强关系指的是个人的社会网络同质性较强（即交往的人群从事的工作，掌握的信息都是趋同的），人与人的关系紧密，有很强的情感因素维系着人际关系；弱关系的特点是个人的社会网络异质性较强（即交往面很广，交往对象可能来自各行各业，因此可以获得的信息也是多方面的），人与人关系并不紧密，也没有太多的感情维系①。强关系产生信任，弱关系则产生机会，从表 5-6 中可以看出，公共属性越强的话题讨论，反而强成分越多，即所谓"上阵父子兵、打虎亲兄弟"，因为公共讨论是观点的碰撞与优势意见的获取过程，需要分派别、抱团；而私人话题讨论网则更多的是信息分享和机会提供，弱关系则在其中扮演重要作用，从话语讨论也明显看出，私人话题讨论的双方往往并不是认识的，很多求助者第一时间是通过发红包来获取网络社会支持，达到其目的。

（四）公共危机语境下的虚拟社群结构

德国社会学者格哈德·舒尔茨（Gerhard Schulze）曾提出"美感部落"的概念，认为当代的风格社会中，有愈来愈多的因为集体的美感体验而形成的微型团体。微信社群的崛起正是美感社群的一种典型呈现，微信社群总有一种社会联系作为其纽带和核心，这种社会联系主要有血缘型、地缘型、学缘型、业缘型和趣缘型，社群成员围绕这一核心纽带展开阐释性的延伸创造，并享有审美规则和社群价值认同，同时，社群内部必须遵循共同的阐释路径和共同的象征符号体系。并使用这套多媒体的阐释文本系统，在虚拟空间无论公共话题还是私人话题使用这套阐释文本系统进行衍生使用，扩大与延伸共享与群体归属的体验。本书研究的校友群是基于学缘型微信群而展开的，在与一般社群具有同样特征的同时，也具备了该类社群独有的特征，概括起来主要有以下几点。

第一，微信社群是一个关系的网络空间。微信社群中布满了各种关系束，这些关系束就像磁场中的磁力线一样作用于其中的主体。微信社

---

① 李彪. 网络事件传播空间结构及其特征研究——以近年来 40 个网络热点事件为例 [J]. 新闻与传播研究，2011（3）：90-100.

群是"诸种客观力量被调整定型的一个体系（其方式很像磁场），是被某种赋予了特定引力的关系构型，这种引力被强加在所有进入该场域的客体和行动者身上"①。现实社会是建构在关系基础之上，这种关系不是传统意义上的关系，而是马克思所谓的"独立于个人意识和个人意志"不以人的意志为转移的客观社会关系。因此，真正把握微信社群必须从关系的角度进行思考。

　　第二，微信社群是一个相对独立或半自主的社会空间。这种独立性是各社群存在的基础，也是区分不同微信社群的"质的规定"。微信社群相对独立性表现为每一个社群都有自己独特的逻辑、常规和规则。但这种自主性是相对的，没有彻底的自主社群。一是因为分化的不完全，任何一个微信社群说到底都受到"元社群"——即权力场、经济场和文化场——的制约，离不开社会这个大的背景而孤立存在；二是逆分化的产生，所谓逆分化，指微信社群在分化后一种反分化方向的运动，是微信社群间的"分融"——微信社群在发生分裂过程中其他社群部分性融入并在这一过程中发挥作用。之所以是相对独立的还在于微信社群的界限不是绝对清晰的。和布尔迪厄的著作中其对场域的界定也比较模糊，微信社群的关系与话语界限是一个非常难以回答的问题。

　　第三，微信社群是一个时刻充满着力量关系对抗的空间。因为每个社会活动的参加者都是以自身异质性的属性参与，这种异质性首先表现在每个个体拥有不同质或量的资本。布尔迪厄在研究场域中提出了资本（capital）这一概念："在场域中活跃的力量是那些用来定义各种'资本'的东西。"② 每个微信社群都有自己特有的资本。资本在微信社群中不是平均分配的，是社会活动个体先赋的，带入微信社群的，具有天

---

① ［法］布尔迪厄等. 实践与反思——反思社会学导引［M］. 李猛等译. 北京：中央编译出版社，2004：138.

② P. Bourdieu, L. D. Wacquant., An Invitation to Reflexive Sociology. Chicago：The University of Chicago Press, 1992, p. 13.

然的不平等性，再加上资本本身是一种排他性资源，因此不同类型、不同数量的资本分布结构一定程度上体现着社会的资源和权力结构，这种资本的不平均决定了竞争活动的不平等。微信社群中的每个主体都在为争夺更多的资本而相互竞争，引发冲突，虽然这种争夺并不一定是主观的。微信社群因行为者这种不断争夺活动而变得有意义。但微信社群作为位置空间的结构并不是一成不变的，它是一个永恒斗争的场所。每个获准进入微信社群的行动者必然受到微信社群逻辑的压力，也就是会认同微信社群的游戏规则，这就是所谓的"入场费"；但另外，每个行动者都不同程度地谋求获得更多的资本，从而获得支配性位置。社会活动行动个体旨在生产有价值的符号商品，商品价值的赋值研判取决于微信社群本身的供需关系，也决定于符号生产者所拥有的符号资本的总量和构成，最后有些符号商品被接纳而有的被淘汰。这样经过优胜劣汰的选择，胜利者可以获得制定微信社群的合法定义的垄断权力，产生所谓的"符号暴力"。从某种意义上说，微信社群的最本质特征就是行动者争夺有价值的支配性资源的空间场所，"群"是力量凝聚的所在，被各种权力或资本（政治、经济和文化等）占据着不同的位置，群的结构恰是不同的权力或资本分布的空间。

第四，微信社群是一个共时态与历时态相交融的空间。主体因拥有不同的资本数量的结构而在微信社群中占据不同的位置或地位，从而形成了共时态的差异。差异成为主体斗争和冲突的动力，不同的主体维持或颠覆着社群，从而使微信社群具有不确定性，矛盾成为推定微信社群演变的动力，所有微信社群都是变动的，每次变动都使微信社群内的资源重新配置，尔后斗争又继续，如此反复不已，从而微信社群呈现历时态的特征。

第二节　社群群际的传导机制研究

"共鸣效果"和"溢散效果"是西方传播学者诺埃尔·纽曼和马西斯（Noelle Neumann & Mathes）等提出的两个概念。诺埃尔·纽曼等在研究 1968 年伦敦反越战示威时，在某些主流媒体最先报道相关新闻之后，其他媒体也会相继跟进报道，形成一股连锁反应，可以认为，在信息传播的过程中，某些最先传播信息的媒体对其他媒体的内容具有一定的导向作用。这种从"领袖"媒体流向其他媒体从而引起一系列报道的反应，就被称为"共鸣效果"①。而马西斯（Mathes & Pfetsh）等（1991）在德国进行的"反对议题"研究时，证明了存在媒体议题从非主流媒体流向主流媒体的现象，将其定义为"溢散效果"，媒介议题从另类媒介流向主流媒介的过程是媒介间的"溢散效应"。在这里，其将非主流的媒体都归类为另类媒体，溢散效应更多指的是单向度的从非主流媒体流向主流媒体，这个概念本身具有一定的片面性，主要是基于当时缺少自媒体和社交媒体提出的。

以上两个概念基本类似，只是两者对议题的敏感度及流向强调的重点不同，"共鸣效果"强调议题从主流媒体向非主流媒体，该议题是首先获得社会主流意识形态高度认同，而出现了从高位往低位流动的顺序流动；"溢散效果"则侧重于议题由非主流媒体向主流媒体，该议题是主流意识形态谨慎对待乃至极端排斥的，是从低位向高位流动的逆序流动。

---

① 陶贤都等. 网络媒体与传统媒体议程互动——以杨丽娟事件为例 [J]. 华中科技大学学报（社会科学版），2009（2）：47-52.

一、社群群际的溢出机制（Spill-Over Effect）

（一）不同媒介间溢出的要素

麦库姆斯和肖通过研究 1968 年美国总统大选期间，新闻媒体报道议题的数量与公众议题的排名，发现两者是呈现正相关的，甚至是一种因果关系。此份研究根据 Cohen（1963）名言"报业多半不能告诉人们怎么想（What to think），但它却告诉受众该想什么（What to think about）"为想法。两人做的研究成为往后大众传播研究领域的显学之一——议程设置理论（Agenda – Setting），是传播效果研究中无法避而不谈的领域。

从媒体议题影响公众议题，Rogers（1988）[①] 指出不能再以线性思维思考议题设定的过程。它应该是动态且复杂地由各项因素牵制着。因此将议题设定划分为媒体议题设定、公众议题设定、政策议题设定三方面来思考。接着 Rogers 与 Dearing（1991）[②]梳理媒体议程设置的相关学术文章，发现初期学者较关注媒体议题与受众之间的关系，即媒体议题是否与公共议题相关联。也就是麦库姆斯（McCombs，1993）[③] 同年发表的文章中，所提及的第一时期和第二时期的基本议题设定假设与情境条件（Contingent Conditions）。而后开始逐渐关注"议题如何进展为政策议题"。政治人物的个人特质报道是否影响选民投票，最后回头关心媒体议题的本身假设问题，回答媒体议题如何被设定，且是谁设定。自此转折后，议题建构（Agenda – Building）开始成为学者开始试图要

---

① Rogers，E M. & Dearing，J. W.（1988）. Agenda – setting research：where has it been，where is its going? Communication Yearbook，（11）：555 – 594.

② Rogers，E. M.，Dearing，J. W.，& Chang，S.（1991）. AIDS in the 1980's：The agenda – setting process for a public issue，Journalism Monographs，12（6）.

③ McCombs，M. & Shaw，D.（1999）The agenda – setting function of mass media. In Tumber，H.（eds）News—a Reader. New York：Oxford University Press，320 – 328.

厘清的重要问题——谁在主导议题（Who sets the media's agenda）。议题建构关注在媒体议题过程中的各种影响与作用力，各家新闻组织、各方消息来源、不同的新闻价值与理念、互异的意识形态甚至过往被认为是被动的受众，都在议题主导权的争夺战里。需强调的是，新闻工作者并非被动地被各方权力所拉扯，而是主动地参与在议题设定过程中。因此如想更了解政治系统与媒体系统间的相互关联，就必须将层次拉展至媒体系统内部机制，才能准确地通盘了解议题设定的动态过程。

当议题建构长期关注媒体之间如何互相影响时，Entman 等人[①]（2004）指出此议题的关注焦点，可从 Minsky（1975）[②] 研究《纽约时报》如何影响其他报业报道内容中，所提出的"一窝蜂新闻"（Pack Journalism）看出此研究趋向。Pan（1989）[③] 检视 1986 年各报业对古柯碱报导内容互相影响，而提出的跨媒体影响（Inter – Media Influence），又称为跨媒体议题设定（Inter – Media Agenda Setting）。

时间序列是跨媒体议题设定研究的重点之一。透过分析报道议题的数量与时间，便可看出媒体间的互动情况。Mathes 和 Pfetsch（1991）透过此种时间序列分析，提出媒体间有溢散效果（Spill – Over Effects）。此研究以德国境内三起反对文化（Counter – Culture）事件作为分析个案，将报业分为主流媒体、建制媒体（Established Media）与另类媒体（Alternative Media）。观察其对三起反对文化事件的报道时间与数量分

① Entman, R. M. （2004）. Projections of power : framing news, public opinion, and U. S. foreign policy. Chicago : University of Chicago Press.

② Minsky, M. , （1975）. A framework for representing knowledge. In Winston, P. H. （Eds. ）, The psychology of computer vision, New York: McGraw – Hill, 211 – 277.

③ Pan, Z. , & Kosicki, G. M. （1989）. Framing analysis: an approach to news discrouse, Political Communication, 10: 55 – 75.

布，提出动态与结构的观点。Mathes 和 Pfetsch（1991）① 发现议题建构过程中有四个时期，分别为酝酿与预备期、溢散期、高涨期与消退期。

以往议程设置理论的研究大多集中在传统媒体，如报纸、电视、杂志、周刊等。随着互联网的不断崛起，其不同于传统媒体媒介性质，分散程度与可近性皆高，其在议程设置研究中逐渐成为研究焦点之一。如有研究者发现网络与报纸、电视一样，是具有议题设定效果，与使用者议题有显著的相关性。使用者年龄、教育程度、政治兴趣及人际传播行为都会影响到网络的议程设置。

在互联网时代，传统媒体时代，信息生产与传播是由一个平台（传统媒体本身）来完成，进而传递给受众，按照拉扎斯菲尔德的二级传播理论，也仅仅经过"意见领袖"这一个环节。而随着自媒体平台和多媒介平台的出现，信息传播呈现出不同信息平台之间接力交替传播的"多级传播"（即接力传播模式），但从一个平台到另一个平台并不是弥散的，毫无传播规律的，信息往往在一个平台之上进行前期的爆料、中期的酝酿和后期的溢出，是一个逐步积聚传播动能的演化过程，如某个事件一开始是爆料状态而传播的，但随着网民的关注及转发，其获得更多人的关注，有些网民拥有多个平台的账号，其自觉或者不自觉地会扮演着网络搬运工的角色，从一个平台搬移到另一个平台，这个过程就是个溢出的过程，既然是溢出就会有一个临界值，即是"阈值"的问题，中国人民大学舆论研究所曾经对 40 个微博舆情热点事件的数据进行回溯性研究并统计显示：一个社会性公共事件的微博从微博场域"溢出"到其他社会话语场域的临界阈值是该条微博转发次数超过 1 万

---

① Mchombu，K.（2000）The coverage of HIV/AIDS in Namibian media：A content analysis study. In S. T. Kwame Boafo，& C. A. Arnaldo（eds.）Media and HIV/AIDS in East and Southern Africa：A resource book，Paris：UNESCO. http：//www. unesco. org/webworld/publications/media_ aids/chapter_ 12. pdf.

次或者其评论次数超过3000条，满足其中任何一个条件都可以。因为由于微信圈子相对的封闭性和阶层同质性，媒体记者主要依靠微博作为获取新闻线索的重要来源，以往记者主要靠各个单位的"通讯员"队伍，现在主要依靠在微博上关注"跑口"行当的网络大V来获取线索，而很多新闻刚开始是在一个未认证的账号上发出，但一般会@大V，经过大V的转发会形成大规模的转发与评论，进而被媒体记者捕捉，媒体记者作为不同话语平台的搬运工，进行新闻报道，再被新闻门户或者APP所转载，进而扩展到整个社会话语场域，从微博场域到传统媒体场域存在一个临界值，就是上面所提到转发与评论达到的阈值。如图5-8所示。

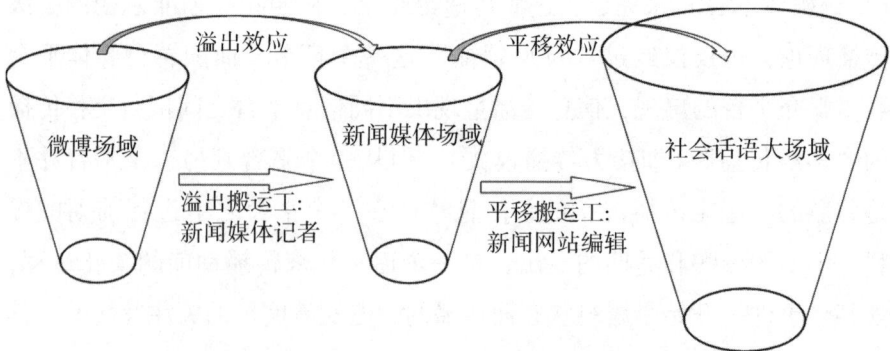

图5-8　微博话语场域溢出到传统媒体场域的阈值示意图

（二）不同社群间的溢散机制

与不同媒介平台间议题的溢散机制一样，在社群之间也存在着所谓的溢出效应和溢散机制。经常一个话题在某个社群圈子中被爆料和传播，与不同媒介平台间的溢出效应不同的是，很难捕捉到这个社群话题溢出的临界值，有些成员直接就进行了转发和话题的自我扩散，当然这需要议题本身具有较强的吸引力，因此研究社群间的溢出效应最核心的不再是对临界值（阈值）的抓取和挖掘，而是对社群中那些成员容易扮演网络搬运工的角色进行有效分析和捕捉。网络搬运工是个比较广义的概念，其在最早的传统媒体时代就存在，从某种意义上说，二级传播中的舆论意见领袖是最早一批网络搬运工——他们把在传统媒体中看到的新闻及时地传播给其他民众。因此，网络搬运工从广义上讲，是指一切承担将信息从信息节点 A 搬运到信息节点 B 的所有主体，从这个意义上讲，传统媒体、网络编辑等都属于网络搬运工，但是前两者是以信息搬运为职业诉求的，存在一定的物质利益诉求。而本书要研究的网络搬运工是狭义的，主要是指网络传播场域中将社群 A 里的链接或帖子等"搬运"到社群 B、C、D 等的活跃成员，对"搬运"的内容一般不进行编辑，他们是网络信息在不同社群之间流动的关键节点，起到信息桥结点的作用，"搬运"的目的一般比较单纯，主要以分享或获取其他成员认可并赚取社交货币为目标诉求。

1. 社群搬运工与社交货币

社交货币源自社交媒体中经济学（Social Economy）的概念，它是用来衡量用户分享相关内容的倾向性问题。社交货币的观点认为人们在网上讨论的东西就是代表着并定义了我们自己。也可以这样理解，社交货币就是社会中两个或两个以上的多个个体，在获取认同感与联系感之前对于自身知识储备的消耗，从这个意义上说，社交货币，无非是为了向他人证明自己的眼光、价值，而那些作为证明的物件，自然是需要具备这样的功能。研究发现，超过 40% 的人谈论的话题都体现着个人经验与私人关系，而近乎一半的传言都是以自我为中心发生的事情。哈佛大学的神经学家研究发现共享个人观点时的脑电波与获得财物和食物时的脑电波一样。因此人们乐于进行分享、进行网络搬运。

2. 社群搬运工的群像特征

社群搬运工容易与意见领袖、网络水军混淆。社群搬运工与其他网络搬运工的行为表征是一样的，均是以信息搬运行为为表征，只搬运不对事件进行定义与"加冕"，但网络意见领袖是以观点表达获得追随者的支持为行为表征的，网络水军是以数量为优势对某个事件"无意义"的支持或反对为行为表征的。在利益诉求上，社群搬运工和网络意见领袖均以精神受益为诉求的，网络水军则以经济回报为诉求的。

由于社群的封闭性，很难有效地对社群搬运工进行大规模的数据调查，通过笔者对自己的微信群的长期观察，也可以捕捉到社群搬运工的一些基本特征。一般是年龄大约在 30 岁的高学历人群（笔者也有一些培训群、兴趣群，并不是全是高学历人群），以男性网民为主，一般从事空闲时间相对比较多的工作。

二、社群群际的嵌套机制（Nesting Effect）

1. 社交媒体与嵌套

嵌套，从字面的意思看，是嵌入并套在一起的意思，现实生活中有大量使用嵌套的方式对物体加以固定的实例，最常用的就是螺丝与螺母之间的嵌套。而一旦嵌入物能够与被嵌入物适配，就会形成持久稳固的关系。而对于微博微信等社交媒体而言，不仅因为符合网络产品发展逻辑而顺利地嵌入互联网的技术平台上，而且在众多相关产品的滋养和用户的呵护下不断生根发芽，在互联网的生态环境中获得了巨大的发展空间[1]。

社交媒体之所以展现出目前强大的发展势头与旺盛的生命力，就在于其相较于以往其他网络产品的根本差异在于嵌套式的发展逻辑，这体现在三个方面：首先，在产品功能上，微博与微信等均以开放的形式允许大量第三方开发者将众多功能软件嵌套在其产品上，如微信的小程序等，这是获得大量用户的重要因素；其次，在用户信息传播上，使用社交媒体的每一个用户都是网络上的节点，一个节点包含他所关注的其他节点的全部信息，社交媒体的信息传播链条具有鲜明的嵌套性特点；最后，在用户的社会网络扩展上，以每个用户为中心的人际关系网络

---

[1]　张佰明. 嵌套性：网络微博发展的根本逻辑 [J]. 国际新闻界, 2010 (6)：54－59.

（圈子）在社群信息纽带的作用下不断扩展，即使是陌生人但只要在同一个圈子中，就有可能被嵌套该社群圈子中所有其他成员的圈子里，迅速扩展自己的社会网络，使得社会信息传播的速率呈现出几何倍数的增长，有助于构建社会成员间互有勾连的圈子。根据里德定律（Reed's Law），"随着联网人数的增长，旨在创建群体的网络的价值呈指数级增加"。信息的交流与共享是人们使用社交媒体的基本传播行为，主动"关注"（Follow）、"入群"，即是出于某种原因建构自己的信息来源和关系网络。不同的人共同关注、了解某一话题，并且还知道谁在共同了解，这种共识能够产生群体间的认同和归属感——同样的兴趣爱好、相近的职业背景，或者相似的价值观、生活方式等为这种互动提供长久的动力。Twitter 的实践证明，几乎任何一个话题都能形成社群（圈子）。由于不同圈子之间存在成员重叠的现象，因此每个圈子群体之间不是封闭的，而是开放的，是互有连接的小世界网络状态。换言之，社交媒体的传播形态，既有助于不同兴趣圈、生活圈、消费圈的形成，又让这些圈子之间互相连通，而社交媒体本身将成为进入圈子群体的"接触—嵌入"点位。在社交媒体中，大量"桥"节点的存在为用户提供在不同圈子跳入跳出的机会，从而加速了信息的流动和观念的传播，这会在总体上扩大虚拟空间中共通的意义空间。

社交平台上的每一个用户都会因主动索取信息而不同程度地嵌入某个社会网络的圈子里，当加入到新的圈子中时，其实是被嵌入到另外的空间里。无论是主动嵌入还是被动嵌入，事实上每个用户都会处于多个圈子里，并因圈子的扩大而在不断拓展自己的社会网络。这就意味着通过一个个作为中介的节点，每一个用户在理论上都有可能与这一社交平台上的任何一个用户相识。麦克卢汉在半个世纪前所预言的"地球村"将会被实质性地向前推进，所有的地球人重新部落化为村落里的一员，彼此成为消饵了地理障碍的邻居，相互之间只有一堵墙的距离，随时能够了解到要关注的人的信息和状态，其方便程度仿佛是侧耳听到墙的另一侧传出来的声音一样。这就意味着人们对外界信息的了解拥有了最为便捷的途径。

当社交媒体在功能的开发上因嵌套而使其变得无所不在的时候，当信息的传播因嵌套而让人们接触到的信息更加逼近事实真相的时候，当社交媒体帮助用户编织的社会网络因嵌套而令距离的存在没有意义的时候，那么，在线生活也将成功地嵌套进现实生活之中，因为借助微博技术重新构建的在线生活会比现实的生活状态更美好，它是对我们现实生活的有益补充。社交媒体改变的不仅仅是我们沟通和传播的模式，更大范围、更深层次的变革也将由此开启。

2. 社群群际的嵌套机制

为了更好地直观对社群群际的嵌套机制进行描述，本书以微信社群为例，对社群群际之间的嵌套过程及其角色做了图，如图 5 - 9 所示。

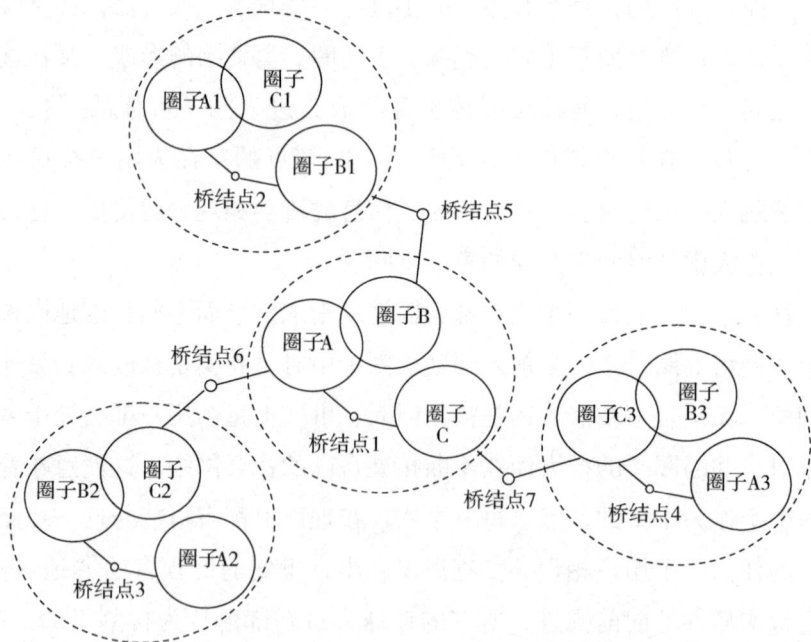

图 5 - 9　社群群际的嵌套机制示意图

从图 5-9 中可以看出，嵌套机制不仅仅是圈子与圈子之间因为成员的交叠而存在嵌套，从宏观方面说，不同社会阶层群体之间也存在着嵌套机制，既有小嵌套也有大嵌套。在很多社群之间的集群社会行为发生时，存在着一个制造社会话题的核心层，这类群体是由很多精英圈群构成的，在其内部有些圈子之间的成员是相互重叠的（如圈子 A 和 B），有些圈子之间是靠一些核心桥结点（如桥结点 1）联系起来的，这些人构成了整个微信传播的核心层，负责制造和生产社会话题和社会情感，图中展示的外围的三个大圈群是边缘层，这些子圈群自身有内部的话题和兴趣和爱好，也有自己内部的活跃人士如桥结点 2、3、4，并依靠内部比较活跃的结点如桥结点 5、6、7 从核心层不断输入社会话题和社会情感等，因此整个传播结构呈现出既私密又有限开放的综合传播模式。这为理解社群之间的社会互动提供了信息传播的视角。因此，社群群际之间的嵌套行为是经过多个步骤来实现的。

一是核心圈群制造话题和情感。如在微信朋友圈或微信群中，很多议题无论是所谓的内幕、段子还是新闻信息都是由圈子内社会地位相对较高的人士传递进来的，如笔者所在的几个微信群的消息都是那些现实社会活跃度高、社会地位相对较高的成员传递进来，进而引起大家关注的，如果说虚拟世界是现实世界的一面镜子，微信基本上映射出现实世界的社会关系网及其结构关系。

二是议题和情感向边缘圈群传播和渲染。这一环节主要是依靠一些社群中活跃的人士担当信息搬运工的角色，将信息或植入社会情感的意见信息从一个圈子搬运到另外一个圈子，在这个过程中，信息搬运工得到了社会满足，满足了自己内心的"包打听"的社会心理需求，这类人群在现实中也是属于信息灵通活跃人群，另外，每个社群用户都拥有多个群，这些群要么是基于学缘，要么是基于业缘，关系相对驳杂，因此传播到的社会人群相对多元化和快速化。

三是制造社会认同和群体压力。一旦信息在群内扩散，很多人是表达一些自己的看法或展示自己的行为，最终会形成群内的意见合意，沉默的螺旋效应会凸显，会形成群体认同，群体认同会产生群体压力，至少来说，在一个社群中达到了群体合意和情感认同。

四是从社群微环境话语场溢出，形成社会议题。当社群中传播达到一定规模和阈值，就会从微信话语场域溢出到其他社会话语场域，如微信群经常向与其联系最为紧密的微博话语场域溢出的情形最多，如人大招生就业处处长蔡荣生出逃一事，最早是在微信中传播，传播了很长时间，微博用户@信力建知道后第一时间转发到微博中，最终引爆了整个微博话语场域。

三、社群群际的共振共鸣机制（Consonance Effect）

在完成社群之间的溢散与嵌套机制之后，信息会在不同社群之间进行发酵，但这种发酵并不是封闭孤立地在不同社群之间单独发酵，而是存在着不同社群之间的议题的共振与共鸣，之所以本书将共振与共鸣分开进行描述，主要是因为共振是形容不同群际之间可能是逆向共振，即观点不一致，但都就相关事件进行发酵，随着社群的茧房化，有可能出现同一个事件不同社群的观点完全不同，虽然双方有共振，但是逆向的；共鸣则形容的是不同社群之间的同向共振，即虽然分属于两个社群，但社群之间的意见一致、诉求和价值观相近，这就是共鸣，因此共振共鸣是两个不同的概念，因此本书使用了这两个不同的词。

1. 议程设置理论与议题共鸣

议程设置理论其实最早就是描述媒体议程与公众议程之间的共鸣现象的，随着社交媒体的出现，这种单一的从媒体议程流向公众议程的单向共鸣越来越被改变，在上文的描述中提到了，社会议题越来越选择在社交媒体平台引爆，传统媒体跟进，进而形成双向的互动过程，进而引发公众议程与媒体议程的双向互动建构的，相较于传统的议程设置时代，这种流向矢向是单一的，而进入社交媒体时代，两个场域的议程的矢向则是双向的、多元的。

"共鸣效应"由德国传播学者伊丽莎白·诺尔纽曼等提出的，她认为扮演"意见领袖"的主流媒体率先报道和传播的内容，引发其他媒体的相继跟进，这种由主流媒体引发并在媒介系统各平台产生的一连串的连锁反应，就是媒介间的"共鸣效应"。当然有研究者将溢散效应与共鸣效应进行对比，并将溢散效应和共鸣效应都作为不同领域议程之间的共振效应，认为"共鸣效应"和"溢散效应"就是媒介间议题"共振效应"的两种具体表现形式，本书认为溢散效应属于议题互动前期的传播表征，是议题传播的必经阶段，而共鸣效应则是在中后期的表现，有了共鸣也会出现议题之间的回流或者是再次溢散，溢散和共鸣是交替进行的，不是一蹴而就的。当然，共振并不是时刻发生的，有研究者认为有可能出现共振的断裂，又称为"议题断裂"，说的是某一议题在一个媒介看来是极其重要的，而在另一个媒介上却丝毫得不到报道和反映，或者在另一媒介上对此议题的态度和倾向与前者截然相反、完全割裂。导致这种"共振断裂"现象发生的原因是复杂的。首先，网络社交媒体的匿名性使得一些社会敏感话题暴露到公众当中，隐性的社会矛盾也只需要一个导火索便可引爆得以显形，而主流媒体由于自身媒体属性对于这些敏感议题往往十分谨慎。此外，主流媒体在舆情事件中议题传播往往是宏观层面、顾全大局的，因此，此类议题很可能会被其他议题直接边缘化①。"共振断裂"现象存在于当下我国社会转型期是必然的，我们理应辩证地看待。

在媒介间议程设置中也有研究者提到了议题之间的"扳机效应"，即新媒体技术在一定程度上促进了媒介间的交流与互动，对于竞争对手关注的议题，许多媒体也采取追随的做法。然而并非对新闻事实进行进

---

① 靖鸣等．"魏则西事件"主流媒体与社交媒体舆论监督的共振与互动［J］．新闻爱好者，2016（7）：22－27．

一步的追问而是仅仅增添背景和解释性的信息，从而导致事实不断引申泛化。这就好比扣动了手枪的扳机，使得事件后期的发展越来越脱离原来议题设置的轨迹，成为一种议程的散乱和无序状态。

2. 社群群际的同幅共鸣与异频共振

"议程设置"创始人唐纳德·肖教授曾指出，从传播学领域看社会是由"垂直议题"和"水平议题"两种议题结合组成的坚固的"纸草型社会"，垂直议题是指从社会上层到社会底层共同关心的大众话题，比如经济发展；水平议题则是指社会某一阶层共同关心的话题，如互联网论坛上形成的各个由兴趣凝聚的讨论组，有人关心教育，有人关心医疗卫生。只有当垂直议题和水平议题共同发挥作用时，才能编织成为一个兼顾的"纸草型社会"①。但在新媒体时代，互联网讨论极大地分散了人们对于垂直议题的关心程度，而强化了公众对水平议题的关心。在这种情况下，大众媒体强化"垂直议题"的设置，使公众重新关心和讨论大众议题，对凝聚社会起到至关重要的作用。由于社群的兴起，垂直议题在不同社群之间的传播范围越来越广泛，尤其是在同一阶层的不同社群之中，加上社群的茧房化效应和群体极化双重效应的作用下，社群之间同幅共鸣与异频共振现象会越来越突出。

同幅共鸣表示的是不同社群之间由于价值观相近，很容易形成对一个事件相同或者相近的社会判断和社会观点，进而产生议题的互动与社会意义的协同生产；异频共振则是强调是的，虽然社群 A 和社群 B 关注的都是同一个公共事件，但双方的诉求与观点则完全不一致，甚至是相互谩骂，进而上升到不同族群、阶层之间的刻板印象和互相攻讦。

---

① McCombs, M. & Shaw, D. (1999) The agenda – setting function of mass media. In Tumber, H. (eds) News – a Reader. New York: Oxford University Press, 320 – 328.

第六章

社群传播的动力机制研究

社群传播作为一种新型传播类型，其背后具有一定的传播动力基础，即到底是哪些因素促进了作为一个相对有边界的社群得以维持并不断成为成员归属的精神家园的，这其中的奥秘是什么，当然有研究者认为社群传播背后的核心力量是对社群其他成员的信任和对社群的精神归属，但信任和归属是如何生产出来并内化到社群成员内心的，这背后的机制研究者很少，本书主要从情感黏合剂、关系结构维系和社会意义再生产等角度对社群传播背后的动力机制进行研究。

第一节　液态的情感黏合：社群内部情感
生成与演化机制

一、情感：虚拟社群的黏合剂

（一）情感：群体研究视域重要对象

情感一直是群体研究视域中的重要对象之一。在早期的研究中，社会情感因素被极度重视和关注，认为其是集群行为中的关键因素，如法国社会心理学家勒庞认为情感因素是解释群体行为最为关键的因素之一。随着资源动员与政治过程理论在美国的逐步兴盛，该理论则将情感因素抛弃，他们认为群体运动中情感往往屈从于社会理性，要么认为情感只有破坏，毫无价值；到 20 世纪 90 年代新社会运动理论兴起后，相关研究者才开始重新重视情感的重要作用和价值，如美国学者裴宜理认为"情感不再是被看作纯粹的生理范畴，而是更多地被看作文化范畴。也就是说，情感并非只是个人的自然属性，而是更多具有社会的建构特性"……这些新社会运动研究者认为情感不再是个体的情绪表达和宣泄，而是将之上升到社会心理的宏观视角进行考察，认为情感可以产生群体认同，形成社会的重新结构化。芝加哥大学社会学者赵鼎新（2006）[①] 则将情感置于社会组织力量的考察中来，认为当相关运动的组织力量薄弱时，情感会发挥重要的作用，成为整个群体动员得以发展的重要因素，甚至会"主宰运动的发展"，当社会组织力量比较强势时，情感因素会退居次要位置，两者是一种反比例关系。近年来情感与群体的研究越来越多，认为情感要素连接着受众感知、导致集体兴奋，并产生了系列仪式结果。

（二）情感：群体内部传播得以维持的动力源泉

情感是社群得以生存和发展的动力源泉，社群成员对社群产生信任和归属，或者说社群成员之所以加入社群，主要是一种情感因素在其作用，很多成员对社群产生归属的第一步往往都是情感的渲染、情绪感染，进而产生社会趋同。社群内部的信息传播虽然表面上是一种信息的扩散过程，其本质上是情感的渲染过程，因为社会网络不仅仅是简单的媒介技术，社会网络还为社会个体提供社会认同和情感依赖，是整个社会的对话平台。社会个体是在情绪的渲染、驱动下进行的网络虚拟社会

---

① ［美］赵鼎新. 社会与政治运动讲义 ［M］. 北京：社会科学文献出版社，2006：237.

的行为，并不是被一些研究者视为的盲目的乌合之众，其本质是"争取承认的政治"或者说"认同的政治"，因此，"集体行动中的情感，不是简单的资源或工具，而是斗争的动力"。

社群中传播的情感是多元的，但负向情感，如愤怒、悲情，负向情绪更容易在社群中快速传导和渲染，正如杨国斌（2009）[①] 认为情感动员大体上可以分为两种：悲情和戏谑。悲愤的情感表达相对比较直接，爱恨分明，而戏谑、幽默化的情感表达方式更加犀利、辛辣，更加易于情感的表达和渲染，这种只可意会不可言传的表达氛围也是网民自我规训的一种方式，其中还夹杂着愤怒和心酸，只用通过这种类似于"网络仪式"的狂欢才能将心中的淤积情绪淋漓尽致地发泄出来。从这个意义上说，戏谑或者说调侃情感也是一种悲情或愤怒情感的表征，是悲情后的自嘲。

需要说明的是，社群传播和情绪渲染的过程中，成员的情感也是一个动态的变化过程。除了这种负向性情绪以外，成员往往还存在一些积极情绪，如自感感、喜悦、欣喜等。

另外，虚拟社群由于是属于多媒体，成员进行情感表达的载体和表征手段也不尽相同，有的是文字表达，包括打油诗、顺口溜等形式。随着移动互联网技术的兴起，很多新的形式纷纷出现，比如图片和视频，这些手段更加感性直观，更加引起社群成员的情感共鸣，情感的效力也更强。

二、社群内情感生产的形式

具体来说，社群内部的情感生产的方式主要有以下三种形式。

[①] 杨国斌. 悲情与戏谑：网络事件中的情感动员 [J]. 传播与社会研究, 2009 (9)：39 - 66.

（一）主动发布信息表达情感，寻求情感建构和情感共鸣

情感生产必然是以信息传播为主要表征形式，信息是情感植入的最好的形式，在情感生产的初期必然是信息的传播和扩散为前提的，只有让群内成员了解了事情，才有可能形成共同的情感和判断，进而产生社会行为。因此群内情感生产的初期主要是以主动信息传播为特征的。

虚拟社群由于其信息传播字数一般不多，更多地表现为一种观点。社群的形成是建立在社会信任和社会归属上的，成员主动发布信息，除了将自己知道的事情发布出来，更多的是希望表达自己的观点和看法，阐明自己的立场，另外也希望自己的看法和态度能够获得其他成员的支持和认同。在这个过程中如果个体的态度得到了其他成员的点赞或认同，原有的情感就会得到了强化和巩固；反之，如果没有得到认同，个体以往的社会情感可能发生动摇甚至改变到与群体一致的情感中来。

（二）通过转发、评论等行为表达情感

每一次向群内的信息转发和参与评论都代表着一种态度和一种情感，更是一种力量。因为对网民来说，对信息的主动评论和转发的成本要远远高于浏览的成本，笔者 2014 年的研究表明，100 个微博浏览者中只有 4.3 个左右网民愿意进行评论，6.7 个左右愿意进行转发，而进行每次转发或评论行为都是由一种强烈的情感因素掺杂在其中。并且这些表达很少是对事件内容简单的重复，主要是自己的看法、态度等，是对别人观点的一种回应、声援乃至鞭挞。

社群本身具有圈群嵌套传播的天然属性，尤其是在微博中还存在着围观的明星传播模式。网络大 V 的粉丝动辄千万人计，一个大 V 一次转发和评论可能带来几万人的转发量，覆盖力更加可观，当这些信息里面含有情感动员的成分时，社交网络所展现出来力量就凸显出来，并且在这个过程中信息原创者和转发者、评论者之间可以通过@等方式进行点对点的有效沟通，产生互动，形成更大的社会凝聚力。

（三）采取社会行为来表达情感

社交媒体时代，通过社会行为来表达情感成为一种常态。情感诉求的最终目的是社会集群行为，而线下行为直接越过虚拟现实，又最大限度地反过来影响虚拟情感认同，如在很多社会公益慈善与捐助中，社群成员自发地进行捐助和自愿在自己的朋友圈中转发……这些行为虽然有成功有失败，但都通过虚拟社群反馈到虚拟社会现实中来，形成更大范围内的社会判断和社会情感动员，进而又反过来影响现实社会，这种双向互动促进了社会的公正和透明。

不同形式的社群情感生产方式和发生阶段不尽相同，很多时候在同一个社群中以上三种情感生产形式也可能同时出现并相互促进。

三、社群内情感生产策略与模式

如何形成有效的情感共鸣是社群情感生产中的关键一环，这其中有不同的策略和手段，不同的情感策略会体现出不同的情感表达逻辑，但最终目的都是推动情感以最快的速度渲染开来。概括起来，主要有以下六个策略。

（一）怀疑策略

各类"门"事件，一出现就得到社群成员不同程度的质疑和有罪推定，如成员经常在群里表达的是"果然又是这样，用最大的恶意去猜测从来都不会错"，这甚至成为一种思维定式，一种刻板印象。当被怀疑对象不公开回应或者相关的回应得不到社群成员的信服，这种不信任会得到强化和巩固，甚至发生转向，"狼来了"的心态就会产生，并最终转化为对这个阶层的不信任、不满乃至是仇视的态度和情感。不同社会群体被打上了不同的社会标签，这些标签被污名化或思维固化，如"富二代""官二代""星二代"甚至"穷二代"。怀疑策略成为一种获取社群支持的手段和策略。

（二）示弱策略

示弱策略主要表现为在社群的话语互动中故意建构出一幅冲突图景，通过贴标签，划清"你""我"界限，进行群内团结和群外抵制，进而上升到不同社会阶层的对立，从而塑造了悲观情绪。

在由社会网络构建的虚拟世界中，新的"虚拟社会共同体"在不断地互动中得以形成。2016 年《新京报》就有一份《京报调查》显示，80% 以上参与调查者的人群认为自己是"弱势群体"，而根据相关职业分布来看，具有这种心理定位的人大多数是党政干部、公司白领、企业小老板等传统社会认为的强势群体。具有这种心理定位的人群会在虚拟社群中自觉地站在"弱势"一方，形成虚拟世界的弱势群体联合体，更多的社会阶层在虚拟社群中得以不断聚合和认同，最后形成了社群中非此即彼、非强即弱的社会对立图景，而很多所谓的强势群体都是这些弱势群体自己塑造的社会假想敌，以此来凝聚社会共识和进行情感生产，因此，当这些虚拟弱势群体所认为的一个强势现象或强权势力在网上出现时，弱势定位心理就会出现条件反射式的应激反应，这种应激反应不一定是基于事实本身的就事论事，而成为一种超越事实本身的"自我生活感受"的情绪诉说：他们表达对"弱势群体"的同情，事实上是表达对"自我现实生存状态"的同情；表达对"强势群体"的谴责，事实上表达对被压抑之"现实自我"的社会反抗。道德正义感往往是社群成员进行行动抗争议题构建的核心因素。

（三）简单归因策略

简单归因策略，即直接将矛头指向自己怀疑的强势部门或主体，直接进行有罪推定，"所谓归因就是人们利用信息对自己及他人行为的原因加以推断的过程"①。这种归因往往是网民自己的主观臆测，甚至是

---

① 沙莲香. 社会心理学［M］. 北京：中国人民大学出版社，2006：324.

刻板印象在起作用，正如沙赫特和辛格（1962）的情绪归因论（Attribution Theory of Emotion）① 认为，人的社会情绪既有自身生理的反馈，也有对导致这些反馈结果的社会情境的认知评价，一定程度上也是人们消除内心信息和社会认知双向不平衡的一种简单做法。

如 2013 年年底发生新生儿注册乙肝疫苗死亡的事件中，虽然最终被证实并非是疫苗之过，但很多网民直接将矛头指向食药监部门的不作为，甚至怀疑其中存在官员违法乱纪行为；在历次的"悬浮门"事件中，悬浮照一出来民众首先怀疑的是官员作秀，如会理"悬浮门"事件，其实是相关工作人员对新闻真实性理解不足自己 PS 出来的乌龙事件……这种情感生产方式可以一下子将网民的社会情感凝聚起来，使得情感迅速生成并立马渲染起来。

（四）情感迁移策略

情感迁移策略就是将社群成员的情感焦点进行迁移或者分化，转移到对自己有利或者能够具有生产出更有破坏力的情感上来，如很多严肃的事件被个别社群成员进行调侃戏谑，往往演变成为一场调侃式网络娱乐狂欢，如天价大虾事件后期民众通过各种调侃，使得本来一个严肃的宰客行为变成了一个全民狂欢的事件，社会情感由原来的悲愤转变为戏谑、调侃，整个情感发生了巨大的转变，出现了迁移。

（五）贴标签策略

情感生产的另一个重要策略是戏谑，其中主要的手法是使用自嘲和反语等手法。贴标签是戏谑化的一种常用手法，通过一个个具有娱乐精神和形象化标签，并巧妙地植入自己的社会情感，随着朗朗上口的标签的传播，社会情感也得以生成和传染开来，如"天价虾""毒疫苗""僵尸肉"等标签的生产，使得这些事件得到了前所未有的民众关注；

---

① 沙莲香. 社会心理学［M］. 北京：中国人民大学出版社，2006：324.

自嘲表示的是一种无奈，"屌丝"等网络用语的火爆一定程度上是社群成员寻求社会认同和社会归属的一种自我贴标签的尝试，但一定程度上切中社群成员共同的情感需求，因此很容易引爆整个网络，获得了情感上的认同和区隔，进而产生社会认同和社群群归属。

（六）拔高策略

在网络世界中有一个比较奇怪的现象或者定律，那就是道德洁癖准则。在现实生活中个人并不完美，但在虚拟世界中每个网民都将自己装扮成社会道德的卫道士，正如历史学家彼得·帕克（2001）认为"'社会事件'或'社会历史事件'带有戏剧的特点，可以作为一个道德脚本加以分析，这是一种'社会显微镜'和历史比较方法，意味着不同的事件，演讲出同样的语言，显露出人们的内心冲动和可以强烈感受到的社会价值"。网络事件虽然在不同时间、不同地点发生，但很容易使得社会个体有一种场景代入感，所面对的事件相似性使社会民众把地点和时间剥离开，只剩下的这些"社会历史事件"的结构性要素，尤其是道德因素对这些事件判断。因此在社群中进行情感生产的另一个显著策略是将讨论对象进行道德拔高和放大，将一个小的事件上升到社会大是大非乃至社会道德层面，将个体的遭遇与整个群体乃至整个社会的命运联系起来，将个体事件放大为社会事件，使其他社群成员如果不加入到这场动员就处在道德洼地，就有被孤立起来之虞。同时，道德上的社会正义感对社会民众具有天然的吸引力，也是整个社群中公共话语表达的最高价值标准，因此每个成员必须参与进来，整个情感被迅速地传导开来。

需要说明的是，以上几种情感生产策略并不是单独存在于社群中的，在很多虚拟社群中可以看到多种情感生产策略的存在，即多元情感生产策略，这也可以单独作为一种情感生产模式而存在。

四、社群情感生产中的理性、民粹与煽情

在对社群群内的情感生产与演化模式进行分析的同时，也不能忘记社群情感生产中可能存在的民粹、煽情等不理性的行为。

（一）社群内的情感都是缺乏理性话语的？

有人质疑情感等于感性化、非理性化思维，早在勒庞时代就对群体中的情感进行了研究，认为每个个体理性的前提下也可能出现群体非理性的现象，其将群体冠以"乌合之众"的说法，认为群体里是最容易掺杂非理性的情绪和话语的场所，难以形成有效的讨论，会让整个社会越来越偏激。必须承认在社群内部的情感生产过程中肯定存在着一些非理性情绪，一些情绪乃至语言暴力在社会表达中经常被呈现出来，但这种看似"乌合之众"的情感表达背后存在着事实理性。

一是情感生产的背后是目的理性。这种情绪化、非理性的话语表达仅是形式上的，其背后的目的是理性的。虽然情感很容易与谩骂、发泄、愤怒等字眼联系起来，但这种看似无厘头或者歇斯底里的情感背后的真正目的是希望通过这种看是非理性的情感表达来吸引更多的社群成员介入，进而达到自己的目的，最终解决问题。从这个角度可以说，社群情感生产的形式看似非理性，但其目的是理性的，这种理性是隐藏在情感生产的动态演化过程之中的，在结果中得到最终体现的。

二是情感生产是结构化的理性过程。无论在什么社群的情感生成中，极端的情况都是小概率事件，同样，无论是极端理性还是极端非理性都是极少数成员的情感，这些情感并不代表整个社会主流，更多的成员是希望事情能够得到有效解决，情感上的任何偏激和偏差都容易造成其他成员的杯葛和反对，更不能引起民众情感的啸聚，因为 Jasper（1998）认为"只有从道德上给人震撼，才能从情感上让人感动"。在现实中绝对多数社群成员都持追求社会公平正义、同情困难群体的正常

社会心态，这就是所谓的结构化的理性。

（二）情感生产与网络民粹

日本作家村上春树曾说："若要在高耸的坚墙与以卵击石的鸡蛋之间作选择，我永远会选择站在鸡蛋那一边，是的，不管那高墙多么的正当，那鸡蛋多么的咎由自取，我总是会站在鸡蛋那一边。"这就是典型的鸡蛋效应，这种效应根植于很多社群成员的脑袋之中，很容易造成盲目和偏袒，困难群体的确需要一定的社会关照，但不考虑社会整体利益的偏袒就是一种民粹主义的表现，民粹主义作为一种政治词汇并不是一个褒义词，在社群的情感生成过程中，要警惕民粹主义"绑架"甚至"胁迫"其他社群成员的情况发生。

（三）情感生产与煽情鼓动

情感生产过程中是否存在煽情的问题也是值得探讨的问题，情感生产过程一定程度上是为了点燃社群成员心目中的悲伤、同情和愤怒等负向性情绪，为了达到这个目的不排除一些别有用心者进行煽情的行为，在话语表达方式上表现为谣言、流言等，煽情一定程度上刺激了社群负向情绪的进一步高涨。但随着事件真相的暴露，成员逐步冷静和理性下来，煽情的效力会急剧下降，并为以后的社群成员再面对类似情景打上感情"预防针"。从最终结果来看，煽情策略是历史性和短暂的，其主观目的可能是有险恶用心的，但客观上却促进了事情真相的暴露，从这个意义上可以说，煽情是社群在进行情感生产时必须经过的策略之一，也是不可避免的发展阶段之一，因此也必须理性看待社群情感生成中的煽情。

当然，情感生产作为一种社群黏合剂，也仅仅是第一步，成员在虚拟社群中对自己所处的社会地位、社会资本乃至命运都有了自觉的认知，在虚拟社群中产生了明确的"自己"和"他人"的区别和界限，即产生了自我认同，在自我认同的过程，社群成员为了提升自己的社群归属感和社会安全度，需要将自我放大为"大我"，在与其他社会成员个体互动中产生了"我们"的社会认知，进而产生了与其他群体的"他们"相区隔，这种群体认同的建构过程将"我"与"我们"进行了有效认知连接，另外也建构了对所处的世界的意义诠释认识模型，进而建构了共同的行为规范，产生共同的社会行动，形成全新的区别于现实世界的网络族群，这就是情感生成的最大价值与意义。

第二节　固态的关系结构：社群内部的关系建构与维系机制

一、社群关系建构的前提：对社群身份的认同

（一）社群认同的建构阶段及特点

认同是社会心理学中的特定用语，试图解释个体所获得的对自己所在群体成员身份的认识，是如何影响他的社会知觉、社会态度和社会行为的，主要集中在现实社会生活中，如研究社会流动、种族主义、政治参与和集体行为等社会现象，而对于虚拟社群的认同相关研究还不多见。社群中的身份认同建构功能主要体现在将社群成员通过一定的社会关系或趣缘偏好等进行区分，进而表现出共同的社会知觉、社会态度和社会行为，无论是社会态度的共同表达还是线下行为的集合都可以认为是一种网络集体行为，因此研究社群认同对虚拟社会集体行为也有重要的价值，另外，社群认同是以身份认同为基础。

社群身份的建构一般来说主要经历以下几个环节：一是社会集体记忆"投射"，集体记忆的概念是由法国社会学家莫里斯·哈布瓦赫（Maurice Halbwachs）提出的，他认为集体记忆是关于一个集体过去全

部认识（实践的、知识的、情感的等）的总和。哈布瓦赫认为集体记忆并不是有闻必录的，集体记忆的形成过程是一个不断选择的过程，在这个过程中，有些具有鲜明特征和符合自身原有认知框架的东西被保留，而特征不显著或者与自身已有框架格格不入的东西会被抛弃，由此建构的选择性记忆会存储在人们大脑内部，作为一种诠释的认知框架而存在。社会现实会不断"投射"到集体记忆中被诠释和解构，这种"投射"也不断地激活着集体内部的共同社会情感，因此集体记忆对社群认同的形成具有重要认知框架价值。如网络上发生的热点事件一旦"烂尾"，就容易使得社群成员形成"既有的社会权威与制度体系可能无法解决这些问题"的刻板印象和集体记忆。基于这种消极性集体记忆，不难解释一旦网络中出现公共危机事件，一些社群成员便通过"有色眼镜"去看待这些事件，抱着"这其中一定有内幕""宁可信其有不可信其无"的心态时扫视这些事件，同时也为造谣者提供了可乘之机。

二是社会意义建构与社会地位赋予。克兰德尔曼斯①指出，"社会问题（分配或交换不平等、公共物品问题）本身并不必然引起社会行动，只有当社会问题被人们感知并赋予其意义时才会成为问题，许多原本可以被看作严重的社会问题的客观状况从来没有能够成为公众讨论的话题，甚至没有被人们所察觉"。因此，社会意义的建构最大的价值是在社会范围内制造最大的社会合意空间，进而为制造广泛的社群认同奠定坚实的认知基础。社群中个人或者群体并非是被动的意义接受者，相反，为了寻找心理确定性和心理平衡感，他们在社群认同的建构和形成上都具有较为明显的、突出的能动性和社会意义建构权利，能够根据自

---

① Klandermans, Bert & Dirk Oegema, Potentials, Networks, Motivations and Barriers: Steps toward Participation in Social Movement [J]. American Sociological Review. 1987 (5): 13.

己的"文化地图"和"集体记忆"对各种外界因素做出适当的话语诠释和社会意义建构。社会意义的建构也是"概念化"和"标签化"的过程,"概念化"和"标签化"多是一种借代的社会修辞,通过一个特征或特点形象地展现了整个社会事件的影响,如陕西爱戴手表的官员杨达才被网友称为"表哥",这种修辞手法一方面能够促进事件更大范围内的传播,另一方面也很容易造成社会意义的再生产①。斯梅尔塞(Neil J. Semelser)的"价值累加理论"(Value - Added Theory)认为某种因素孤立出现的时候也许并不足以导致群体性事件的发生,正如田忌赛马一样,当这些因素按照一定的顺序出现时,这些因素的社会价值会被无限度放大,产生社会溢出效应,发生社会集群行为的概率会进一步增强②。而在这个过程中社会意义的再生产即"概念化"或者"标签化"是将这些因素串联起来的最好手段,通过"标签化",能够促使集群行为发生的各要素会按照同一个逻辑体系进行话语表达和起作用,那么整个事件的性质和形象也发生了翻天覆地的变化,社群行为就会顺理成章地发生起来了。

三是情感启动和小范围的社群认同形成。在事件获得社会意义的建构和社会地位的赋予之后,借助社群"嵌套"传播等属性,其传播速度和扩散范围会呈几何级增长,经过意义建构,事件作为一种事实信息传播的过程中必然也伴随着社会意义符号传播。从本质上讲,社会意义是一种价值判断,背后是社会情绪及社会情感。现实生活中相似的社会经历和社会境遇,再加上共同的志趣,原本已经模糊存在的基于"地域—身份—命运—道义"等要素所形成的社会共同体开始被发现和重组,在被发现过程中,通过社会互动形成共同的社会情感,进而产生社

---

① 赵鼎新. 社会与政治运动讲义 [M]. 北京:社会科学文献出版社,2006:66.

② Neil J. Semelser: Theory of Collective Behavior [M]. New York: Free Press, 1962: 45.

群认同，这种认同为构建社交媒体中社会群体的边界标记提供了重要条件。社会情绪启动是社群认同进程正式开始的第一步。随着社会情绪在小范围的群体获得认同和接受，小范围群体认同得以形成，这部分群体成为整个社会认同进程中重要的原始动力和社会情绪启动者。如在微博上，微博原创者的心态会受到其粉丝评论的综合影响，如果支持者较多，那么微博原创者的社会自我认同感就会得到增强，如果微博评论中有少数反对意见会容易给微博创作者以整个群体反对的假象，会降低整体的社会认同，如果自己的观点和意见与社会主流意见保持一致，受到挑战时会受到支持和声援，那么很容易产生更高的社会认同感。

四是情感渲染、演化和社群态度形成。情绪的渲染这一阶段主要是由传播来完成的。微博和微信作为社会化媒体，其虚拟社群关系中有很大一部分是与社会现实关系网相重叠。基于社会信任的信息传播是一种成本最低、阻尼最小、效率最高的传播形式，因此社会情绪会伴随着事实信息进一步大范围传播，社会情绪在大范围内被社交媒体用户所接受，并进一步同化，进而内化到自身中，形成了自己的社会态度和社会意见，从而对整个社会热点事件达成一致的看法、一致的行为倾向，促使各个社会群体的社会态度达到最大的"合意"，即实现社会态度的"最大公约数"。

五是社群认同与行动仪式。在社会态度形成以后，集体认同符号得以建构，整个社群范围内的群体认同得以达成，进而是付诸社会行为，进而产生集体行为。需要说明的是在集体行为最终出现之前，还有个别社会事件存在所谓的"行动仪式"，如维权事件中经常出现的"集体散步""集体购物"等行为，戴维德·卡茨（David I. Kertzer）认为仪式的最大效果是能够在"缺乏共同信仰的情形下制造团结"①，这类行动

---

① 何明修. 工厂内的阶级团结——连接石化工人的工作现场与集体行动［J］. 台湾社会学，2003（3）：15.

仪式与其说是一种社会行为不如说是一种社会态度和社会符号，这种行动仪式为社会个体参与社会集体行动提供了行动框架和社会平台，在强化社会认同的同时也进行了情绪的宣泄。

（二）社群的功能与社群认同

一般来说，社群的功能主要对内和对外两部分，对内是为成员提供意义生产与认同建构，动员与规范成员参与的功能；对外是作为社群整体与其他组织或人群进行互动的功能。

首先，社群对内向成员提供意义生产与认同建构。霍尔即认为意义和信息不是简单被"传递"，而是被生产出来的，包括解码和编码两种形式。通过统一的意义解码，大众媒体报道的信息在社群内获得新的意义并进入到成员的具体实践中，外部表正式成员相似的情感、文化仪式和一致的行动。另外，社群内部越来越具备规范性，社群规范性的生产功能增强了成员对社群信息的讨论和对社群活动的参与，进而增强成员的个体辨别力和对社群的认同。

其次，社群对内也发挥动员和规范成员参与的社会功能。在自媒体不断勃兴的今天，社群成员既是信息的消费者也是生产者。在进行社群信息生产的过程中，社群成为动员成员积聚资源和力量的最重要方式，因为毕竟一个人的声音是有限的，社群集体的"合唱"才有可能得到更多人的关注。另外，任何一个社群都有可能演化为"乌合之众"的可能，毕竟群体的理性不如个体理性，社群成员在满足社群感和归属感时也可能因"法不责众"等心理，使成员模糊现实和幻想的界限，使理智被情感吞没，最终导致社群行为失控，变得狂热、极端、偏执和病态，尤其是在粉丝社群中。因此，社群在动员成员参与时也引导成员有序参与社群表达，规范社群内部的表达行为。

最后，社群还发挥代表群体与其他组织或人群进行互动的功能。社群的开放性和志同道合，使得虚拟社群不再是传统社群相对封闭性、刻板神秘的群体，在个别价值观的引导下，可以作为一个传播的自在主体来进行社会信息生产，向其他社群或者组织输送社会意义和符号资源，卡西尔曾经说过，人是符号的动物，"符号化的思维和符号化的行为是人类生活中最富于代表性的特征"①。如秋叶 PPT 等社群，产生了社群"符号溢出"的社会行为，其社群本身已经成为一个有效的传播主体。

二、社群内部的关系结构：阶层差异与权利分层

（一）社群内部成员的角色及功能

社群一定程度上是线下社区的关系"投射"，因此这决定了社群内部所有成员的角色和地位必然也是不一致的，有人的地方就有江湖，也有权力的格局和社会资本的不平等分布，即不同的成员承担着社群中的不同角色，社群成员角色的合理构成可以让整个社群更加紧凑，社群在角色杠杆下，才可以产生稳固的归属感和高质量的社群信任。研究者已经进行了很多相关方面的研究。有研究者对社群营销研究大部分社群内的主要角色大致可以分为 6 类：（1）组织者：负责群的日常管理和维护，也是群内的活跃分子，一般都是群主或管理员；（2）领导者：对某些领域有深刻认识，在圈子有威信和影响力的人；（3）善谈者：或是插科打诨，或是话题深刻，这类人是群类话最多的人，也是社群最为需要的人；（4）求教者：提出各种疑惑的成员；（5）围观者：不明真相的围观群众，时常潜水，偶尔冒泡；（6）挑战者：入群后并不认同群内的价值观，对群管理和交流内容提出不满的人。美国数字营销专家Lave 和 Wenger 依据网络社群中"居民"的参与度及变化，将社群成员分为以下 5 类成员：（1）外围的人（潜水的人）（Lurker）：外围的用户，松散的参与者；（2）入门（新手）（Novice）：应邀新来的用户，

① ［德］恩斯特·卡西尔. 人论［M］. 甘阳译. 上海：上海译文出版社，1985：35.

向着积极参与和分享努力；（3）熟悉内情的人（常客）（Regular）：非常坚定的社群从业者；（4）成长的人（领导）（Leader）：领导、支撑用户参与，互动管理；（5）出走的人（资格老人）Outbound（Elder）：因为新的关系、定位或其他原因而逐步离开社群。海外咨询公司 Forrester 从网络社群行为下手来分类，将社群中的角色分为：创造者、评论者、收集者、参与者、观看者、不活跃分子。（1）创造者：指的是经常写微博、博客，上传视频等网民。在美国创造者人数占所有网民的18%，韩国比例最高，达38%；（2）评论者：指的是在网络上对其他内容做出回应的人；（3）收集者：指的是使用 RSS，社会化书签等工具来收集信息，他们负责收集整理相关网络上的信息，进行编辑；（4）参与者：那些参与社会化媒体维护个人主页，维护个人信息更新的；（5）观看者：指的是信息的消费人，他们一般观看博客文章，在线视频，论坛，论坛的留言回复。做个观看者门槛很低，不像创造者或者评论者那样要奉献许多内容，所以这个队伍更庞大；（6）不活跃分子：指那些参与度特别低的。美国数字营销专家 Nancy White 和 Elliot Volkman 从另外一个角度来拆解网络社群中不同类型的用户，其分为以下7种类型：（1）社群建构师：为网络社群设置目标，他们规划网络社群的未来和影响力方向；（2）社群管理者：他们监督管理整个部落，和商店的总经理有点像；（3）付费用户：为社群提供资金的贡献，他们会为社群的发展，添砖加瓦，同样也是社群建设的晴雨表；（4）核心参与者：他们经常访问社群，参与社群活动，他们代表了大多数为社群奉献的网民。他们是网络社群最重要的人群之一；（5）潜水者：这个群体是比较安静，并不积极将他们的观点分享出来，只看不评论，不表态的。其实他们被激活也是近在咫尺；（6）统治者：也被我们经常称为超级用户的，他们在社群中很有影响力，社群议事中拥有大的话语权和追随者；（7）联结者：他们会跨界参与多个群组的讨论，积极沟通。他们是社群的链接中心，将不同的群组串联在一起。

　　还有研究者将社群成员划分为 6 种类型：（1）组织者：负责群的日常管理和维护，也是群的活跃分子；（2）思考者：群的灵魂人物，在圈子里拥有威信或影响力的人；（3）清谈者：能够轻松自如接受大家的调戏，让群变得活跃和有气氛的人；（4）求教者：在群里提出自己各种困惑希望得到帮助的人；（5）围观者：习惯潜水，偶尔插一句话，很快又消失了的人；（6）挑战者：加入一个群组后往往对群的管理方式或者交流内容公开提出不满的人。六类角色在社群中的权力地位也不尽相同，图 6 - 1 为六类角色的环形结构图。

图 6 - 1　社群角色的环形结构图

　　通过以上对社群角色的分析，可以得出如下相关结论。一是社群角色的划分体现了社群内部成员在权力结构和地位上存在着不均等性，这是社群成员角色划分的基础和前提。二是社群成员的划分标准大致有两类，一类强调的是跟社群产生从属关系的，如管理者、领导者、执行者、追随者；另一类是不一定归属社群用户体系的，如连接者、贡献者，强调的是一种关系和链接。三是社群内部是存在阶层性的，并且分为核心层和边缘层，社群中各角色各司其职，维护着社群内部的基本运行和权力框架，并保持着其相对固态性和均衡性。

（二）圈层化互动和权利分层

根据以上对社群成员角色的划分，本书认为一般社群的结构是呈现圈层化的，即存在不同的圈层，圈层之间是有阶层划分和权利分层的，按照互动频度和掌握的话语资源的多寡，大致可以划分为以下三层，如图 6 - 2 所示。

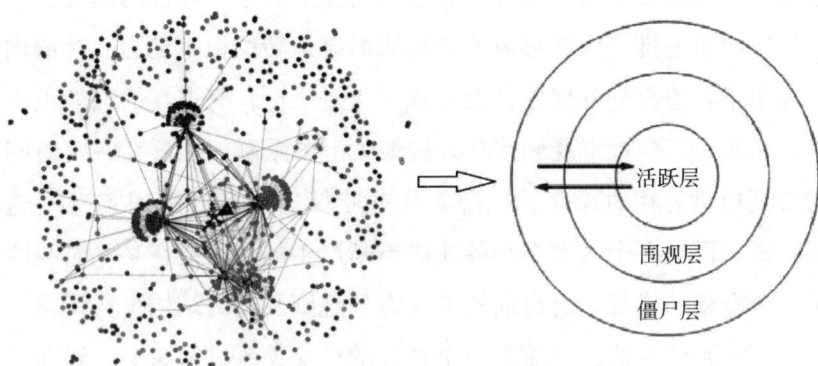

图 6 - 2 社群成员关系的圈层示意图

活跃层或核心层主要是社群成立者、社群群主、社群意见领袖等，经常在群里发言，互动频繁的一群人；围观层主要是一些围观者，偶尔发发言，插科打诨一下；最外面一层是僵尸层，基于面子，不好意思退群，大多是使用了"消息免打扰"功能，基本上不怎么关注群里的消息，处于"僵尸"或者"半僵尸"状态。圈层化本身就是一种权力结构，内层的成员本身社会归属感较强，掌握着社群话语权，拥有较高的社会资本，处于社群金字塔结构的顶端；围观层相对比较随意，其活跃度不高，基本上是以浏览和围观为主；僵尸层基本上不参与社群活动，在第五章对不同关系属性的社群进行分析时发现，社群的活跃系数都很低，基本上只有 20% 左右的成员在活动，剩下 80% 的成员是作为沉默的大多数而存在，社群的去中心化基本上是个伪命题，在没有有效的激励机制下，不可能强制要求每一个成员都必须发言，这本身与社群的自愿、信任和自由的价值内核是格格不入的。

三、自组织性：社群关系结构的动态演变

社群在进行传播的过程中，内部各要素集体协作，有序互动，形成一个初级的自组织系统。根据自组织理论，社群内部形成的自组织系统通过各种形式的信息反馈来控制和强化自身。其中，社群内部各要素的竞争与协同正是推动内部形成的自组织系统运转的根本动力。社群内部的结构由于其边界的开放性，会有成员进进出出，有退场的当然也有入场的，尤其是微信社群受到 500 人的最大上限限制，社群在一定时间内会维持其短暂的相对稳定，社群演化并非仅仅只有"瞬间突变"这么一种状态，而是多个大大小小的演进不断产生的。可能在某一时间段进入了一个全新的成员，对目前社群现有的规则和权力结构进行调整，并进行社群规则的再造，进而对整个社群的社交关系进行影响，触发了初层社交关系裂变，但这可以影响的人是有限的，大规模引爆的裂变是开放式的，当社群中不同角色的用户通过消化社群媒介（一个贡献的内容、一次参与的活动等等），然后随时随地成为社群裂变的爆破分子。一个有魅力的社群，社群用户在分享的时候，会融入很多个人情感，如"加入这个社群，我感觉了某某情感的满足"，同时还会融入角色代言："我的师兄也加入到这个社群了"……这意味着社群的不同角色，在影响着社群的演化。

如果说社群内的情感是黏合剂，那么社群内的成熟、固定的关系结构则是社群的支架，是社群得以维系的硬件结构，因此，一个成熟的社群必须有相对完善的适合社群定位的关系结构，但需要说明的是，每个社群的关系结构都可能是不同的，笔者见到很多社群营销的讲座和教材都强调甚至推崇某一个固定的社群结构，这本身就违背社群传播时代的多元、个性的时代特征。

第三节 社会意义再生产：社群内部的
仪式建构与行为表达

一、社群内部的互动仪式建构

从古典社会学家涂尔干开始，社会学就非常重视仪式的研究。特别是欧文·戈夫曼，他具体从微观互动的角度研究了大量日常生活中的仪式问题。"互动仪式"一词就主要来自戈夫曼，该词是指一种表达意义性的程序化活动，最成功的互动仪式（Interaction Rituals）是这样一种交谈，其参与者得到了很强的关注，创造了一种共同的象征现实，他们在那个时刻共同相信这一现实。这类活动对群体生活或团结性来说具有重要意义。如涂尔干早就提出，宗教仪式具有整合作用。在人类社会中存在着各种各样的仪式，仪式的类型反映了社会关系的类型。例如在传统社会，人们的活动是高度仪式性的，但在现代社会，则是低度仪式性的。仪式类型的不同，所反映出的群体成员类型和群体意识也不同。但无论是涂尔干还是戈夫曼，他们只是强调了仪式的概念及其社会功能，并没有系统阐述仪式作用的机制。所以，系统探讨互动仪式的作用机制，是柯林斯《互动仪式链》所要解决的核心问题，也是其最主要的成果，他提出，互动仪式的核心机制是相互关注和情感连带，仪式是一种相互专注的情感和关注机制，它形成了一种瞬间共有的实在，因而会形成群体团结和群体成员身份的符号。互动仪式理论的核心机制是高度的相互关注，即高度的互为主体性，跟高度的情感连带——通过身体的协调一致、相互激起参加者的神经系统——结合在一起，从而导致形成了与认知符号相关联的成员身份感；同时也为每个参加者带来了情感能

169

量，使他们感到有信心、热情和愿望去做出他们认为道德上容许的事情。

柯林斯的"互动仪式链"理论是关于情境的理论，其核心是一个过程，在该过程中参与者发展出共同的关注焦点，并彼此相应感受到对方身体的微观节奏与情感（见图6-3）①。

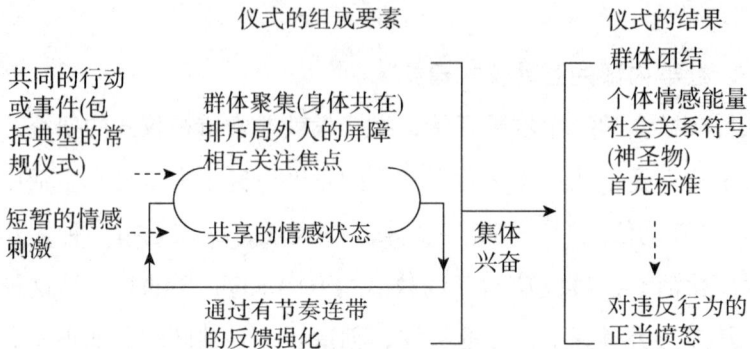

图6-3　柯林斯的互动仪式模型

互动仪式链理论模型是一个具有因果关联与反馈循环的过程模型，该模型具有四个起始条件：一是两个或两个以上的人聚集在同一场所，因此不管他们是否会特别有意识地关注对方，都能通过其身体在场而相互影响；二是对局外人设定了界限，因此参与者知道谁在参加，而谁被排除在外；三是人们将其注意力集中在共同的对象或活动上，并通过相互传达该关注点，而彼此知道了关注的焦点；四是人们分享共同的情绪或情感体验，这四个要素彼此形成反馈作用，当组成要素有效地综合，并积累到高程度的相互关注与情感共享时，参与者会有以下四种互动体验的结果：一是群体团结中与认知相关的成员身份感；二是个体的情感能量（Emotion Energy，EE），即一种采取行动时自信、兴高采烈、有

---

① 兰德尔·柯林斯. 互动仪式链［M］. 林聚任，王鹏，宋丽君译. 北京：商务印书馆，2009：86.

力量、满腔热忱与主动进取的感觉；三是代表群体的符号，使成员感到自己与集体相关。这也是涂尔干说的"神圣物"；四是道德感，维护群体中的正义感，尊重群体符号，防止受到背弃者的侵害。与此相对的是违背群体团结及其符号标志所带来罪恶或不得体的感觉①。情感能量与身份符号是互动仪式产生的最重要的资源与结果，是推动个体进行互动仪式情感传播的动力资源。个体在日常生活中经常会与他人不期而遇，与其共同完成一定程度的互动仪式，包括最直接的功利性际遇和失败的仪式，到全身心参与的仪式团结等。每个人将与谁、以何种意识强度进行互动，取决于他们各自所拥有的资源②。

当情感连带达到一定程度时，群体的团结和身份感就越强。有关注焦点的人群获得了可以延长这种体验感的符号：通常这种符号来自观众有意识关注的任何一件东西。一个仪式之所以会成为仪式，因为它是围绕某种具有价值的象征符号，传达某种意义的群体活动。长期稳定的情感传递有助于良性互动的仪式循环，一个成功的命令发布仪式会强制性地产生强烈的相互关注，形成情境主导的情感状态。在这种情感状态的主导下，越来越多的人希望通过获得信息资源来实现仪式的晋级，以接近权力中心。在柯林斯看来，仪式可分为"正式仪式"与"自然仪式"两种，其中"自然仪式"源于非强制程序下自然形成的情感连接，伴随集体情绪逐渐趋于高潮，受众自发进行信息的重组与生产。

柯林斯认为仪式发生的前提是物理空间内身体共同在场，"社交"属性已成为当前媒体发展的必要配置，受众能通过微博平台、视频弹幕、群聊等及时交换意见、共享情绪，AR、VR 技术及现场直播等传播手段给人身临其境之感，这使得现有技术下互动仪式的前提，即亲身在

① 兰德尔·柯林斯. 互动仪式链［M］. 林聚任，王鹏，宋丽君译. 北京：商务印书馆，2009：87.

② ［美］简·麦戈尼格尔. 游戏改变世界———游戏化如何让现实变得更美好［M］. 闾佳译. 杭州：浙江人民出版社，2012：132.

场，已显得不那么重要，虚拟在场成为一种现实。随着仪式的进行及情绪的病毒式扩散、影响，不断有新的成员进入原有群体，新的社群共同感情又得以产生。

虚拟在场使得社群内部的互动仪式得以完成，在很多社区模拟互动中都脱离不了互动仪式的建构和仪式链的打造。

二、符号互动论视角下的虚拟社群行为

（一）符号互动与"虚拟社会表演"

关于符号互动，最早的社会心理学研究曾经称之为"镜中我"，该理论是由美国社会学家库利在其《社会组织》一书中提出，库利认为"人的行为很大程度上取决于对自我的认识，而这种认识主要是通过与他人的社会互动形成的"①，每个社会个体在内心潜意识地将他人对自己的评价、态度等看成是反映自我的一面"镜子"，个人通过这面"镜子"认识和把握自己。后来著名的符号互动论研究学者欧文·戈夫曼又提出了著名的"戏剧理论"，认为社会个体都在自己认为的社会舞台上进行表演，如果借用该视角，可以将社群看作一个大的社会舞台，成员可以看作是演员及编剧，根据戈夫曼的理论，社群中的人们都在为塑造别人心目中的自己美好形象而不断表演着，虽然这种表演对于表演者本人来说是发自内心或者故意行为。"在人际互动中，不管个人在头脑中所具有的具体目标是什么，也不管他达到这个目标的动机是什么，他的兴趣始终是控制他人的行为，特别是控制他人对自己的反应……他给人的这种印象将引导他人自愿地根据他的意图而行动。"② 这种表演是有目的的，目的是为了在其他社群成员面前展现出完美的自己，可以称

---

① 郭庆光. 传播学教程（第二版）[M]. 北京：中国人民大学出版社，2012：145.
② [美] 欧文·戈夫曼. 日常生活中的自我呈现 [M]. 冯钢译. 北京：北京大学出版社，2008：131.

为"声誉管理"或者说"印象管理",而作为"演员"的社会个体则会根据自己的设想在社群提供的舞台上自由的表演甚至编剧,在表演的过程与其他社会个体一起为整个故事或者事件的展开提供了社会情感氛围,不论这个情感是喜是怒,都为社群内独有的情感生成提供了丰富的符号资源,进而能够影响别人,展现自己最希望别人看到的自己的形象,不断地通过"化妆""粉饰"来展现自己最好的一面,向整个舞台输入符号资源,正如戈夫曼的戏剧理论和印象管理理论,社会行动参与者希望通过自己的表演获得群体内部乃至整个社会群体的认可,而现实也恰恰如此,谁的表演具有鲜明的特点就越能够得到其他社会个体的赞同和亲睐,这种表演性文本也能够流传开来,成为大家追捧的社会符号,成为一种社会时尚乃至社会公共话语资源。这种社会表演在社群表现为转发、评论、表情符号、贴标签、PS 照片进行讽刺,甚至发展为社群抗议、人肉搜索等。

(二)社群内虚拟社会行为及其作用机制

本书将社会行为的外延进一步扩大,将社群中的虚拟行为(发言、转发信息、表达情感等)也纳入"社会行为"范畴,话语本身就是一种社会行为,只是一种行动力相对较低的社会行为,但这种行为是通过社会话语表达和社会虚拟行为构成的,按照其强度和影响程度可以分为以下三种。

(1)低级烈度的社群行为

这类虚拟行为主要是指一些态度表达的社会行为,具体行为可以表现为转帖、评论和点赞等行为,这类行为相对付出的成本较低,表达的社会态度相对比较简单,因此可以看作是低级烈度的社群行为,从其作用机制上,主要扮演的是"站脚助威"、摇旗呐喊的轻量级支持,使得参与社会行为的个体看到了这个事件的关注度和社会传播面,为其展开更高烈度的社会行为提供心理支持和社会群众基础判别。如在很多公共事件发生后，社群成员迅速围观和转发，当达到一定的量级时，大众媒体的新闻生产者就会介入，意见领袖也会来"凑热闹"，事件就会出现核聚变的变化，因此这种低烈度的社群行为是一种社会能量聚集和社会关注力的呈现。

（2）中级烈度的社群行为

中级烈度的社群行为更多的是一种意见表达，具体体现在以下几个具体情形：一是进行谴责和抗议，这类行为更多的是通过发布原创性公号文章并积极进行群内转发等表达看法和意见，希望获得更多成员的关注和转发；二是通过 PS 表达一种社会意见和态度，如"表哥"杨达才事件中很多网友 PS 出杨达才在不同经典影视剧出现的场景，还有一种是进行改编歌曲、MV 搞笑视频的调侃；三是贴标签，通过借代等符号化的方式，将意见表达浓缩到简单的一个词语中，这种形式影响力和感召力更为强烈，希罗尼·塔罗认为这种符号一般具有社会象征意义，已经完全超过了其本来意义，并在整个范围内能引起文化共鸣和社会意义认同，进而最大范围地激发起民众的社会情绪①。

这类琐碎的、甚至是有些可笑的行为对社群成员来说，表达社会态度相对更为直接和具体，这类虚拟社群行为具有更强的情绪感染力和传播力，纵观社群对各类公共事件的讨论中，都可以看到背后都有一些网友进行的原创社会符号生产，推动了整个事件的进程，社群成员在嬉笑怒骂中得到自己的情感宣泄和情感归属。

（3）高级烈度的社群行为

高级烈度的社会行为更加接近于真实的线下行为，更加具有"社会仪式"的效力，并且与线下行为不断勾连、相互促进。这类行为具体主要可以分为以下几种情形：一是人肉搜索，前社群传播时代比较常

---

① ［美］西罗尼·塔罗. 运动中的力量［M］. 吴庆宏译. 南京：译林出版社，2005：163.

见，如在微博微信没有出现之前，中国的互联网生态中主要是以天涯、猫扑和凯迪社区等三家综合论坛为最，其中猫扑社区主要扮演的就是人肉搜索功能，如著名的"铜须门"事件、"虐猫"事件等都是由猫扑社区发起的人肉搜索将当事人的联系方式和基本情况给搜索出来的。社群时代，由于社群的相对封闭性，但相对私密，人肉搜索能力却不断提升，这种社群行为相较于前两者烈度更强，需要相关社会个体整理搜集更多的信息，整个社会成本更高，社会性动力更强；二是虚拟集群行为，通过在社群中发动公共慈善捐助、某种线下行为的社会动员等，这些行为与线下行为仅一线之差，更加类似于线下集群行为，对社群成员更具有真实的、具体的感召力。

三、仪式观视角下的社群线下行为

社群作为虚拟社会的基本单元，除了在线上表现出抱团、集体发声和与其他社群进行有效区隔等行为以外，社群的社会行动力在不断增强，甚至开始向线下空间进行延伸，从"坐而道"到"起而行"的趋势越来越明显，这些社群线下行为由于源自虚拟社会空间，具有较强的仪式表达特征，因为在仪式中才能进一步整合社会资源，达到社群的目的。在社群营销中这个特点最为突出，社群营销必须转化为线下购买行为才能实现其价值，像"罗辑思维"等社群，经常会搞一下线下社群活动，最终目的都是为了实现线上线下的有机互动和增强社群内部的仪式感。

（一）"自我表演的社会仪式"与"弱者的武器"

在相关的研究中认为"仪式作为象征性的行为与活动，不仅是表达性的，而且是建构性的；它不仅可以展示观念的、心智的内在逻辑，也可以是展现和建构权威的权力技术"①。从这个意义上说，线下行为也是一种仪式，这种仪式具有自我表演的成分，这种线下行为一方面是对现实世界的一种行为符号表达，另一方面也是对自己想象的世界一种内在性建构，社群通过这些线下行为进行了情绪宣泄也建构了社会认同，这种自我表演的行为仪式的完成使得参与者得到了心理上的巨大满足，也进一步激发了其对行为认同感和仪式的合法性，成为线下行为不断推进的重要社会动力。

从社会学的角度可以将这种线下行为看成是一种底层抗争的"弱者的武器"。"弱者的武器"这一概念是由詹姆斯·斯科特（James C. Scott）在《弱者的武器：农民日常生活反抗形式》一书中提出的，他认为相比较有组织的社会反抗，农民具有自己的日常社会对抗表达方式，这种对抗行为不具有组织性和规模性，但是是弱势群体表达自己力量和存在的重要手段和方式，如消极怠工、毁坏农具等行为，尤其是当其感觉到不被重视或者其社会话语被忽视的时候，通过这种极端方式来获得社会关注和利益诉求。在现代社会，由于社会话语权力主要集中于社会精英（政治精英、经济精英等）手里，弱者的社会话语权很大程度上是缺失的。通过极端形式来表达自己的社会话语权，这也是弱者的武器。

（二）社群线下行为及其作用机制

基于社群的线下行为相对比较多元，主要包括以下几种情形。

一是对社会公益事件的动员，这类事件一般有明确的组织者或组织群体，借助社交媒体平台，以社会公益活动作为价值功能指向，吸聚更多的社会参与者、对社会产生真实社会影响的行为，这些活动都是从社交平台延展成为线下行为，对社会真实生活产生直

---

① 郭于华. 仪式与社会变迁［M］. 北京: 社会科学文献出版社，2000: 4.

接的、具体的影响，如免费午餐计划在网民的推动下上升为了一种政府行为。

二是线下集群行为，从其准备的情况又可以分为两种：（1）精心准备，不断呼吁，最终发展成为线下社会真实行为，如抵制乐天事件，这些活动都是由组织者在社群中进行呼吁、呐喊等虚拟社会行为，在达到一定的临界值时转化为社会参与者的集体行为；（2）临时起意的社会集群行为，如通过网络直播达到虚拟在场，进而在线下展开一系列的非理性集群行为，如2013年11月份发生的济源事件，属于临时性起意事件，后来又经过网上的微博直播形成了群体性事件，在这个事件中，民众没有经过网上的虚拟社会动员而直接付诸社会行为，反过来在虚拟社交平台上进行传播和情绪渲染，最终又从线下演变成为线上的虚拟社会行为，可以看出社群行为与线下行为发生无所谓先后顺序，也可能出现前后置换的情况。

三是社会时尚和文化风潮行为。主要表现为将网络流行语应用于现实生活中，演变成为一种社会文化潮流，从线上延伸到线下，进入到传统媒体话语场域等主流意识形态，如"屌丝""韭菜"等，这种现象表面看起来是一种文化仪式，本质上是一种社会行为表达，通过话语表达的是一种社会态度和社会认同，其中体现出来的社会情感动员渲染和社会群体压力。

根据以上对社群行为的特点和作用机制分析，可以对虚拟社群行为进行简单的总结，相关结果如表6-1所示。

表 6 - 1   线上虚拟行为与线下真实行为的类别和特征一览表

分类数	基于共同关注点	基于共同信念	基于共同行动目标			
			网上行动	涉及现实行动		
				由网络传播引发现实集群行为	因网络传播而进一步发展或恶化的现实集群行为	利用网络传播动员或组织的现实集群行为
事例	网络流言网络谣言网络舆情	网络舆论网络舆论暴力网络审判	人肉搜索网络恶搞网络追杀令网络集会	人肉搜索网络行为暴力"快闪族"行动涉及日游行等	"瓮安事件"	厦门"PX事件"浙江"瑞安事件"
特征	网民针对某一特定的事件或刺激形成各自的或潜在的态度、意见或说法	网民群体针对特定事件或关注点达成一定的共识，但只限于语言表达层面	有明确的行动目标和实际行动，但只限于网上行动，多是自发的，无组织的	有明确的行动目标，并且行动延伸到现实生活中，但相对来说，仍以自发性和无组织性为主要特征，维持时间短		有明确的行动目标，相对具有一定的组织性，并且具有有意识的资源动员特征

　　从上表可以看出，线上和线下行为是不断推进的过程，基于社会目的不同可以分为基于共同关注度的低烈度社会行为、基于共同信念和理念的中烈度社会行为，以及基于共同行动目标的高烈度社会行为。基于共同关注点的社会行动一般可以形成网络舆情和网络流言，主要是针对某一特定的事件或刺激形成潜在的态度、意见和说法；基于共同信念的线上行为一般是网络舆论、网络审判等，这些行为是网民群体针对特定的事件达成了群体共识，但只限于社会话语表达的层面；基于共同行动目标的社会行为则比较复杂，既包括了网上行动，如人肉搜索、恶搞、网络追杀令等，多是自发的、无组织的；还有更高烈度的线下行为，又可以分为个别群体的集体行为，如快闪族；形成社会聚集，产生社会集群行为，如"北京京温商场"事件，这种行为虽然是集群行为，但缺乏组织者和无中心性；最高烈度的社会行为是由独立的社会组织组织和动员，最终演变为有目的、有组织、有诉求的社会集群行为，如"大

连 PX"事件等。需要说明的是，随着社群虚拟化程度的加剧，线上和线下行为之间的界限和分野越来越模糊，大有相互交融在一起的趋势。

四、社群线上与线下行为勾连互动机制

在上面的章节中可以看出社群线上行为与线下行为的差异，两者在时间序列上存在着交织融合的现象，在关系上也表现出上下勾连、互动发展的关系，具体来说主要呈现出以下两种勾连机制：一是线上线下交融互动的关系；二是线上线下错位断裂的关系。

（一）线上与线下行为互动与合意机制

在大多数情况下，线上的虚拟社会行为是为线下行为提供社会动员和情绪渲染，线下行为是线上行为的延展和激化，如"抢盐"事件，刚一开始表现为通过人际传播、社交平台等疯狂传播的"海盐被核辐射"的信息，在这个信息传播过程中伴随着社会恐慌和社会忧虑，这种线上的虚拟行为最终演变为真实的线下疯抢食盐的社会运动，造成的危害和影响至今都让人心有余悸。从线上虚拟社会行为与线下行为之间的互动关系又可以具体分为以下类别。

一是线下行为是线上行为的延伸。这类互动机制主要体现在公益行为上，通过线上的情感动员，蓄积了社会能量，直接转化为社会行为，最终演变为真实的社会行动，这种社会行动是按照线上动员的意图和路线图展开的，因此具有可控性和可预期性，如"微博打拐"行动中，发起者对整个活动的行动逻辑、路线图做了规范和示例后，就退居到幕后，由相对活跃的人士负责事件的推进，并最终得到了官方认可和接受。

二是线下与线下行为交织共振。这类行为主要体现在网络反腐等社会行为。这类事件一般处在发展中，需要多方信息不断向虚拟世界输入，实现"信息的有机运动"过程，虚拟社会行为与线下行为实现同

幅共振，如在"雷政富不雅视频"事件中，纪许光等意见领袖一方面承担爆料的角色，另一方面将自己与重庆市政府进行沟通的情况及时在微博上公布，网民第一时间了解事件进展，在网络上形成鼎沸状态，也不断推动着事件的发展和最终得到解决。

在线上和线下行为互动的过程中，必须有一个基础和底线，那就是线上和线下的各方参与者之间形成了社会合意空间。合意本来是一个法律用语，后来拓展到社会学研究中来，在社会动员过程中，社会合意具有以下特点：一是双方认识的一致性，即对某一事件或社会问题的整体社会态度、观点大致是一致的；二是均衡和稳定，合意空间一旦被建构起来，就意味着社会成员所认同的社会逻辑和社会准则是经过多方博弈以后达到的均衡结果，就成为指导社会参与者的"行动纲领"，很难再被改变；三是权威性，社会合意使社会参与者的行动保持有序状态或者被协调起来并且拥有了特定的目标，形成了依靠社会个体公认的权威而形成较强的支配力，合意的接受过程不是通过武力等暴力手段强制实现，社会参与者自愿接受并在实际行动中自觉遵守。因此，社会合意空间是线上线下行为赖以互动的基础。

（二）线上与线下行为断裂与错位机制

线上虚拟行为与线下真实行为并非时刻保持一致的，作为两个相对独立的行为系统，有时呈现出断裂和错位的情况。在这里，本书以2012年9月发生在全国各地的反日游行示威活动为例进行分析说明。2012年9月因日本执意实行钓鱼岛"国有化"，全国近20个中等以上的城市爆发了反日示威游行活动。在这次活动中出现了虚拟社会行为与线下行为近乎第一次不一致的情况，网络意见领袖在微博等社交平台上隔空喊话，呼吁理性反日，谴责打砸烧等各种极端反日行为；而现实的情形是，一些以往沉默的社会边缘人群继续进行各种极端社会行为，在西安新生代农民工蔡洋的惊心一跃将开丰田卡罗拉的车主脑壳打穿，更是为整个游行事件打上了"暴力"的标签。

2005 年发生的反对日本入常的示威活动主要是以学生、上班族为主，刚刚出现的网络和手机短信在其中开始扮演了重要的集体组织和动员工具，相较于以往社会动员中必须有明确动员主体，这种新的无中心或有无数中心的社会组织方式开始出现；2008 年汶川地震等运动出现了志愿者风潮，整个社会再次凝聚在一起，拥有共同的社会责任感和大悲大喜，其中蕴藏着平民主义和家国情怀；2012 年由日本"国有化"钓鱼岛引发的反日街头运动一定程度上超出了旁观者的预判。

本尼迪克特·安德森①从大众媒体、方言习惯等角度论述分属各种地方性空间社会个体被民族国家从其地理位置中抽离出来，成为所谓的自由民和共同体，并融入到均质的时空中去，获得"共同体"感受，即所谓"想象的共同体"，但现代化的国家又将人群进行天然性的重新区隔，社会人群被重新区分装置分层，随着传播技术的不断完善，人们寄希望于这种技术可以消弭这种区隔和分层，但实际情形是地球村不仅没有消弭这种区隔反而进一步强化，情感和身份的差距在当前社交媒体时代不仅没有减少反而在不断增加，世界上最远的距离莫过于不同社会群体虽然同时出现在一个游行队伍或者一个时空中却听不到也不屑于听彼此的声音，意见领袖们在网络世界"正襟危坐"地喊话、呼吁，而戏剧的是，他们的喊话对象根本听不到他们的声音，因此，这部分人成为了游离于社会核心话语表达场域的边缘人群，核心圈层的喊话都被这类人群有意无意地自我屏蔽掉。

五、社会意义再生产：社群内部行为框架分析

社群内部认同的建构对社群成员具有重要的凝聚作用，但仅仅依赖

---

① ［美］本尼迪克特·安德森. 想象的共同体：民族主义的起源与散布（增订版）［M］. 吴叡人译. 上海：上海人民出版社，2011：36－41.

社会认同建构和群体边界的形成并不能直接促进社会行为的产生和实现，因为，社群认同仅仅是为行为主体提供了"我们"的概念，仅是划分了区别于"他们"的边界，而社会行为的目标、动因和"合法性"等极为重要的问题都没有得到有效解决。而要解决这些关键问题，社会行为发起者必须能够建构一个社会行动框架，对社会行动进行一种阐述，行动框架更像是一副眼镜的镜框，也可以看作是社群认识社会事物的独特视角和特定位置，正如戈夫曼的框架理论中指出的那样，框架是社会个体"界定、看待、辨认和标签"其生活中空间中发生的事件、社会个体的认知架构①。只有这样才能对行动赋以社会意义和社会仪式，才能真正推动社会行动的实现和展开。

通过将事件和个体的遭遇上升到一种宏大的社会叙事的角度，社会事件才能变得有意义，因此，从这个意义上说，社会行为框架不是简单的框架，而必须要有引导社会行动的功能，这个社会行为框架必须能够从社会个体的境遇中找到共同的社会原因，并且这个社会原因能够产生社会其他个体的共鸣和认同，进而促使社会个体在最大的社会合意空间中采取集体行为来促进事情最终得到解决，"抗议的社会建构……便是一个不公正框架的建构：情境被界定为不公正的，并且辨别出一个对手来，所有这些都是解释不满情绪的关键要素"②。相关的行动框架一旦被建构起来，就赋予了社会行为以社会价值和意义，在这个框架下就可以进行合理的文化符号的互动和生产，更大的意义在于，行为框架也为社会行为建构了"合法性"与"正当性"。社会行动框架建构过程也是互动的仪式化过程，无论是社交媒体的使用者还是传统媒体都对事件进行有意义的阐释，社会群体成员在互动阐释中会建构起一系列有利于社

---

① ［美］欧文·戈夫曼．日常生活中的自我呈现［M］．冯钢译．北京：北京大学出版社，2008：142
② ［美］艾尔东·莫里斯，卡络尔·麦克拉·吉缪勒．社会运动理论的前沿领域［M］．北京：北京大学出版社，2002：93.

会行为得以展开的解释框架，从而使得这种社会行为具备了"合法性"与"正当性"，从整个社会阐释过程和文化符号的互动生产过程可以看出，社会行为框架大致可以具体分为以下几类。

（一）社会公平正义框架

在所有的社群内部表达和行为中，其实都隐约暗含着一个个典型的社会行动框架，所有参与者也在不自觉地让自己的所有行为向这个框架上转移、靠拢，这个集体行动框架一旦被界定完毕和无限接近，社群行为就顺理成章地发动起来了。西罗尼·塔罗（Rossini Tarot）认为"集体行动框架是一种突出的策略，它不是强调和增加一种社会状况的严重和不公，就是把先前被看作不幸而能谅解的事情重新定义为不公正和不道德。"① 基于这种话语逻辑，对该事件关注的社会参与者对这个事件又进行了重新定义和社会意义赋予，也可以称为社会意识强加，将其上升到了威胁整个社会赖以正常运行的社会公平正义的宏大叙事中来，而不是单纯的一个普通事件，如果这个事件不能很好的得到解决，那么不再是某个人的境况和遭遇问题，而成为了"整个国家和社会"的事情了，会"戕害整个社会的进步和发展"，破坏了整个社会存在的根基和基础，让全体参与者产生深深的社会忧虑感和生存危机意识。"社会运动非常认真地致力于鸣不平、使它们相互联系和构建更大的意义框架的工作，它要构建的意义框架将于群体的文化倾向产生共鸣，并能向掌权者和其他人传递一个相同的信息②"。

（二）社会公共安全（卫生）框架

这类行动框架主要用于 PX 项目、邻避效应（Not-In-My-Back-Yard）

---

① ［美］西罗尼·塔罗. 运动中的力量［M］. 吴庆宏译. 南京：译林出版社，2005：147.
② ［美］西罗尼·塔罗. 运动中的力量［M］. 吴庆宏译. 南京：译林出版社，2005：147.

等事件中，该行动框架不断地告诉民众生存安全和公共利益受到了挑战，在这样一个集体行动框架的意义架构中每个人都不是孤立的旁观者，所有的话语均指向"社会公共安全作为一种社会公共物品被相关部门所绑架"，不单单是一个群体的问题，而是所有城市民众生存的社会公共空间的问题，这就为社会参与者展开社会行动提供了合法性和道德的正义感。

（三）推进制度建设框架

以赵作海案推动法律制度建设为例，该案本来是一个单独存在的刑事案件，很多社会成员将之与之前的佘祥林案、河北聂树斌案勾连起来，最终将整个讨论的矛头指向了中国相关法律和司法体制建设完善上来，尤其是在刑侦程序上存在的瑕疵。

在制度建设框架中，社会行为参与者在内心深处是对相关受害者的同情，在宏观层面则是害怕自己成为有缺陷制度的下一个受害者，在这样的心理作用机制下，社会参与者愿意通过自己的呼吁、呐喊，使整个事件的合法性和合理性得到了圆满解决，社会行为已经不再是个体的行为，而上升到整个社会改革的宏大使命感上来。

（四）爱国主义（民族主义）框架

在网络社群中，民族主义框架无疑是很好的行动框架，很多事件在这个框架下都变得更具合法性和有效性。民族主义在网络社群获得了更适合其滋生发展的土壤。几千年来，"国富民强"的情结深深地根植于整个中华民族文化心理深层，并且随着中国国力的不断增强，民族自豪感在一定程度上得到了提升，民族主义情绪就不可避免地被激活，也成为虚拟社会动员得心应手的工具和行动框架。

民族主义行动框架还存在一定的局限性，一是容易导致极端的情绪化倾向，在反日游行中可以看到很多地方发生极端的打砸抢行为，很容易在面对复杂的国际问题和社会矛盾时，不是积极地寻求解决问题的应对之道，也不会更多地寻求社会共识和社会会认同，只是片面地利用快捷的传播技术和手段来传达自己内心的不满或者进行简单的情绪宣泄，理性不足而激进有余。

第四节 危机语境下的趣缘社群关系维系与意义再生产

一、研究缘起与研究对象

粉丝群体作为一种基于明星偶像而产生的社会趣缘虚拟组织，在当下中国社会体现出了较强的消费能力、高度的组织性和自发性、日益增强的活跃度和向现实行动转化的高行动力，整体而言呈现出越来越明显的巨大影响力。尤其在网络舆论场中，粉丝群体的言论与行动甚至可以吸引、裹挟大量粉丝社群之外社会个体的注意力，最终形成社会热点事件。2017 年 10 月 8 日 12 时鹿晗在微博上公布恋情，迅速成为当日微博头条，截至当日 24 时该条微博的转发量达 122 万条、评论数达 288 万条。而更值得注意的是，鹿晗宣布恋情的信息，给原本稳定的"鹿饭"粉丝社群带来了危机——即偶像主体鹿晗发生不可预期的事件，且威胁到利益相关者的重要期待，对组织或个人产生负面后果，导致鹿晗原有粉丝发生系列脱粉行为的情况。原有的社群网络因为粉丝的脱粉行为发生了一个"稳定—变动—再平衡"的过程，这样一个动态的信息传播过程其实正对应了偶像危机状态下粉丝社群内部的应对过程。以往的粉丝社群研究主要基于静态的视角，因此这个事件提供了一个很好的研究个案，即让粉丝社群得以存在的偶像出现危机后社群内部与成员互动是如何变化与互动的。

近几年，空间的概念又被重新发现和重视，早在古希腊时代，亚里士多德就对"空间"进行了系统讨论，近现代出现了有关空间一系列的研究，其中比较被大家接受的空间概念认为"空间既是一种生产，是通过各不相同的一系列社会过程和人文干涉形构而成；又是一种力量，反过来影响、指引和限制着这个世界里人类存在和行动的可能方式"①。关于空间问题，有很多学者提出了重要理论，如亨利·列斐伏尔（Henri Lefebvre）的"空间生产"、米歇尔·福柯（Michel Foucault）的"空间规训"、戴维·哈维（David Harvey）的"时空压缩"、安东尼·吉登斯（Anthony Giddens）的"时空分延"、多琳·马瑟（Doreen Masscy）的"空间分工"、德里克·格雷戈里（Derek Gregory）的"地缘想象"、齐格蒙特·鲍曼（Zygmunt Bauman）的"液态空间"、理查德·桑内特（Richard Sennett）的"空间混杂"、约翰·厄里（John Urry）的"消费空间"、爱德华·索亚（Edward Soja）的"异质空间"等。在这些范式中，最有代表性的是列斐伏尔的空间生产和福柯的空间规训思想。列斐伏尔的范式是一种政治经济学，而福柯的范式则是一种微观权力学，这是两种最基本的空间范式②。其中列斐伏尔指出："空间是一种生产资料，空间是一种消费对象，作为一个整体的空间在生产中被消费。这个新的空间不仅是事物物理的排列，而且是社会实践和规律以及空间历史的综合与超越。空间是日常生活的起点，也是社会的产物，空间是社会生产的过程，不仅仅是一个产品，也是社会生产力或再生产者，是一个社会关系的重组与社会秩序实践性建构的过程。"③ 并认为空间生产包含三个维度：物质空间，是可被触摸感知的维度；精神空间，即感觉现象所占有的空间，是被建构出来的维度；社会空间，是

---

① 陆扬. 空间和地方的后现代维度 [J]. 学术研究，2009（3）：129.
② 刘涛. 社会化媒体与空间的社会化生产：福柯"空间规训思想"的当代阐释 [J]. 国际新闻界，2014（5）：48–63.
③ 张一兵主编. 社会批判理论纪事 [M]. 北京：中央编译出版社，2006：180.

人们生活其中的维度，是社会关系总体的层面，社会空间的再生产，包括了物质空间和精神空间的解构、融合和重塑①。本书借用列斐伏尔多维空间理论来分析偶像危机情境下粉丝社群的话语空间生产及其演变。

人类社会的社群主要基于以下五种关系产生，即血缘、地缘、学缘、业缘和趣缘，其中前四者关系类型主要是建立在熟人网络基础之上的，只有趣缘是基于兴趣产生的虚拟社会关系，因此，研究趣缘社群具有重要的价值，喜欢、追捧某一偶像的粉丝也是一种趣缘群体。随着网络信息技术的发展，传统社会中的粉丝群体在网络中找到了新的存在方式，他们通过微信群、QQ群等社交网络平台找到志同道合的人，并聚集在一起进行互动交流，为自己喜爱的偶像应援，获得认同感与社群归属感，进而建构虚拟社会关系。

网络粉丝社群很早就引起了相关研究者的关注，其中大部分的研究都集中于描述常规情况下网络粉丝社群的组织、实践以及传播特征。蔡骐在对网络虚拟社区中趣缘文化传播的研究指出趣缘群体是兼具传统社群凝聚力和现代社群自由度的共同体，群体内的传播扁平化与层阶化并存②。类似的，田佳慧等人发现网络粉丝社群的稳定性较弱，但归属感更强，并通过自身规范稳定粉丝社群结构，社群中存在不同的层级以及网络，在层级网络的高处存在更有影响力的意见领袖③。此外，顾彬指出在网络粉丝社群中粉丝的参与感更强，粉丝行为逐渐渗入偶像的制造与包装中，粉丝与偶像的关系在更紧密的同时也更脆弱④。综合以上研究，不难发现，在粉丝社群常态化运行情况下，社群内存在较为稳定的

---

① 黎明."互联网+"时代实体书店的多维空间生产［J］. 现代出版，2017（5）：15.

② 蔡骐. 网络虚拟社区中的趣缘文化传播［J］. 新闻与传播研究，2014（9）：5-23.

③ 田佳慧、李昕昕. 网络"粉丝"社群的基本特征与互动模式分析［J］. 新闻研究导刊，2016（7）：86.

④ 顾彬. 互联网造星模式下粉丝角色的变化［J］. 新闻研究导刊，2016（14）：355-355.

自有结构与固定运作规则。一个网络粉丝社群中的成员都是因为对同一个明星的喜爱、迷恋而聚集在一起，粉丝对于偶像有着大致相同的正面认识并容易产生情感共鸣，粉丝会努力维护偶像形象，并希望偶像能够有更好的发展，偶像会以正面形象出现在社群内的传播交流过程中。

也有学者对偶像危机情境下粉丝社群的传播与内外沟通策略的特征展开研究。布朗（Brown）等人对体育粉丝在偶像危机情境下的对外沟通策略展开研究，归纳出迎合型、提醒型、攻击他者型和转移注意力型四种危机沟通策略①。黄晓则将"柯震东吸毒案"事件分为危机潜伏、爆发、蔓延和解决四个阶段，但缺乏直接的粉丝言行数据支撑，难以反映粉丝应对危机事件的全貌②。此后，赖泽栋等人通过内容对"孙杨被罚危机事件"中粉丝在新浪微博与百度贴吧上言论的编码分析，得到了粉丝在危机的不同阶段采取的不同群内、群外的传播策略：群内传播策略分为支持与安慰孙杨、批评孙杨、粉丝之间相互传播、互相支持；群外传播策略分为否认型、弱化型、重建型、辅助型，该研究注重于粉丝社群中的个体在遭遇危机事件时所采取的传播策略，缺少对粉丝社群这一小型社交网络中成员之间互动关系的考察③。而"人际传播的核心是关系，任何传播活动均在一定的关系下发生"，因此对于危机时期网络粉丝社群内部成员之间互动对话关系的考察是必不可少的。

综上所述，目前国内针对网络粉丝社群的研究主要停留在描述社群现状、特征和组织规范的层面，缺乏对社群内部成员之间互动关系的深入探讨，对危机时期的网络粉丝社群的研究也较少。同时，对网络粉丝

---

① Brown, N. A. & Billings, A. C., "Sports Fans as Crisis Communicators on Social Media Websites," Public Relations Review, Vol. 39, No. 1, 2013, pp. 74–81.

② 黄晓. 粉丝在名人危机事件中的作用及形象修复策略——以柯震东吸毒案为例 [J]. 今传媒, 2015 (12)：38–40.

③ 赖泽栋, 卓丽婕. 粉丝, 偶像危机中社交媒体的管理代理人? [J]. 宁德师范学院学报（哲学社会科学版）, 2017 (1)：12–15.

社群的研究以质化研究、案例分析为主，而直接利用粉丝言语数据进行量化研究的情况较少。为了弥补以往研究的不足，本书以鹿晗粉丝社群为研究对象，针对在 2017 年 10 月 8 日 12 时其公开恋情事件后粉丝社群内部话语空间的变化与维系等展开研究。重点探讨的问题如下：

Q1：偶像危机事件节点前后粉丝社群内空间结构的变化？

Q2：偶像危机下粉丝社群内的危机沟通机制及其关系特征？

Q3：偶像危机下粉丝社群内的多维话语空间是如何建构和维系的？

Q4：偶像危机下粉丝社群中意见领袖的角色与功能有哪些？

二、危机语境下的趣缘社群分析方法

(一) 研究方法

本书使用社会网络分析方法（Social Network Analysis）作为主要研究方法。相较于以属性数据为研究对象的问卷调查法，社会网络分析以关系数据为研究对象，在研究历时性传播结构方面具有先天优势①。本书主要基于粉丝社群沟通的文本记录进而还原和构建粉丝社群的空间关系结构，对粉丝社群在偶像危机事件中的关系传播结构及其所反映的社群权力空间展开研究。本书还使用词频分析与社会语义网相结合的方法辅以分析粉丝社群话语空间的表达文本，以揭示社群如何进行危机沟通并达到自我平衡的过程。

(二) 样本选取

粉丝忠诚度和活跃度是衡量粉丝社群质量的重要指标，因此本书选择"厦门甜美系鹿饭"QQ 群作为研究样本。该 QQ 群建立于 2016 年 3 月 9 日《奔跑吧兄弟》制作方公布厦门录制计划之时，社群成员为计

---

① 李彪. 网络事件传播空间结构及其特征研究——以近年来 40 个网络热点事件为例 [J]. 新闻与传播研究，2011（3）：90 - 99.

划加入对鹿晗现场应援的粉丝，这些粉丝对鹿晗的支持可落实到具体行动且关注时间在 1 年以上，因而有较高忠诚度。此外，QQ 群要求粉丝对年龄和具体职业进行标注，这本身具有社会资本的价值又有助于后续对粉丝社会身份的分析。截至 2017 年 10 月 8 日，该粉丝群有粉丝 258 名，日均粉丝在线数保持在 150 名以上，具有较高的粉丝活跃度。此外，之所以选择 QQ 群主要是 QQ 群的聊天记录方便导出，并且 QQ 群的趣缘属性要比微信群熟人网络属性要强很多。

（三）抽样时段

2017 年 10 月 8 日 12 时，鹿晗正式公开恋情，引发舆论关注，包括"鹿晗掉粉""鹿晗偶像失格""脱饭粉丝爆料"在内的衍生话题持续在社交媒体发酵，在此危机时刻，作为本书研究样本的鹿晗粉丝 QQ 群通过持续话语沟通以稳定重建粉丝社群。因此，本书选择的时段为 2017 年 10 月 2 日 0 时至 8 日 12 时分和 2017 年 10 月 8 日 12 时至 14 日 24 时两个时段，前后总计 14 天，之所以选择两个时段，主要是根据偶像危机发生的时间节点作为比较时段，第一个时段总计获得 8767 字聊天记录，第二个时段获得 25340 字聊天记录。本书使用 Gephi0. 9. 2 作为社会网络分析软件，基于获得的聊天记录采用边列表形式进行编码，以起点（Source，信息流出点）、终点（Target，信息流入点）、权重（Weight，对话数）形成列表（见表 6 - 2）。

表 6 - 2 "厦门甜美系鹿饭" QQ 群边列表（片段）

Source	Target	Weight
YAN—17—学生	YUAN—19—学生	2
CHEN—18—学生	SHU—16—学生	3
CHEN—25—工作	QIAO—19—学生	1
QI—19—学生	CHEN—25—工作	5

Source	Target	Weight
KE—24—工作	SHU—16—学生	1
LIN—19—学生	SHU—16—学生	1
LIN— 19—工作	YI—19—学生	1

三、危机语境下粉丝社群的空间结构及变化

2017 年 10 月 8 日 12 时至 14 日 24 时粉丝群参与话题讨论的成员有 131 人，去除只转载消息没有真正参与话题互动的粉丝，总计 83 人。节点标签来自粉丝群建立初期设置的相关信息，部分粉丝的群备注未保持标准格式，笔者通过进一步信息搜集补齐粉丝个人信息。所有节点的标签统一为"昵称首字拼音—年龄—职业"，其中，粉丝年龄为 2016 年 3 月 9 日群组建立时的年龄。

（一）空间生产：从空间中话语的生产到空间自身的生产

为了让社会网络分析可视化更加简洁美观，本书选择发言在 3 次以上的节点来展示，使用 Gephi0. 9. 2 可以得出一个包含 31 个有效节点、202 条有向边的社群网络关系图，其中， "QIAO—19—学生"与 "SHU—16—学生"是整个网络中最为活跃的节点，并人际互动最多，承担着整个网络的话语生产者。同时，此社群网络关系中还存在大量的互动较少的节点，核心人群占到总体的1/3。

网络效率是话语空间内网络信息的传递效率，由网络密度、网络可达性两个指标来衡量。网络密度反映的是空间关系分布与完备图（complete graph）① 的差距，与完备图越接近、节点之间的连线越多则密度

---

① 若社会网络中的任意两个节点均存在直接的双向联系，则该有向图被称为"完备图"，完备图反映的是网络成员之间联系的紧密程度。

越大，韦尔曼（Wellman）对网络密度的研究指出，大部分情况下人们参与社群网络联系较为稀疏，47.1%的社群网络密度在0到0.25（密度范围是0到1），亲属这种熟人社群的密度也就0.364[①]。本书中粉丝群网络密度为0.22，远高于一般水平，说明社群中粉丝联系较为紧密，网络信息流动频度较高，存在结构性的传播路径和固定传播模式，且社群内具有高度凝聚性，这也使得该社群在危机状态下很难被破坏。同时，凝聚性是一种情感的体现，此社群已经从最早的信息分享阶段到实现了情感、意义生产的阶段，粉丝个体对社群产生了归属认同和价值共鸣，按照亨利·列斐伏尔"空间生产"的视角，精神空间已然出现。

网络可达性衡量的是网络的连通性（Connectivity），可通过平均路径、直径指标进行测量。两节点间的路径（Length）反映的是两节点至少需要通过多少条连线建立联系，若两节点能直接建立联系则路径长度为1，若两节点无法建立联系则路径长度为无穷大。社会网络的平均路径则反映平均而言网络中节点需要通过多少条连线与其他节点建立联系，直径则为社会网络中距离最远的两个节点间的路径长度。本书选取的社群平均路径为1.97，直径为5，即任意两个粉丝平均只需要1个中间人即可建立双向联系，最多只需要通过4个中间人即可进行信息传递。因此，此粉丝社群网络的连通性较好，能够实现较为充分的信息流通。

可以看出，粉丝社群不仅在偶像危机情境下没有出现"脱群""掉粉"等现象，甚至呈现出更高的凝聚性和连通性。这一方面说明粉丝社群是一个相对成熟的社会关系空间，已经不再是简单信息分享的话语空间。同时，如果社群的归属是因为鹿晗的粉丝而产生，但鹿晗宣布恋情并没有改变这种归属，则因为社群已经脱离了列斐伏尔的

---

① 刘军. 社会网络分析导论［M］. 北京：社会科学文献出版社，2004：111.

精神空间的内涵，跃迁为一种社会空间，是对话语空间与精神空间的融合和重塑；另一方面由于社群内部关系的高度凝聚性，社群即使在偶像危机情境下依然具有高度的弹性和韧性，具有了空间的自主性和独立性。

（二）空间规训：从话语空间到规则空间

社会网络分析对空间权力的划分主要从"关系"定义，行动者的权力越大，则与其他行动者的联系越紧密，其他行动者对他的依赖性越大[1]，衡量指标是中心性和结构洞。网络中心性又可细分为点度中心性、中介中心性、接近中心性三个分指标，中介中心性、接近中心性分析要求社会网络为强连通图[2]，由于本书分析的是粉丝社群，属于弱连通图，因而只进行点度中心性分析。点度中心性反映的是节点对其他节点直接施加影响的能力，整体网络的点度中心性则反映节点之间点度中心性的差异程度，差异程度越大则网络的权力结构越明显。通过计算，"厦门甜美鹿饭"社群入度中心性为 0.362（范围 0 到 1），出度中心性为 0.5，出入度中心性均较大，因而存在较明显的权力结构（见图 6-4）。图 2 中节点的颜色越深、球形越大则节点度中心性越大，出入度中心性最大的点均为"QIAO—19—学生"，其入度中心性为 0.57，出度中心性为 0.70，与 63.5% 的社群成员建立直接联系，具有较强影响力。

---

[1] 刘军. 社会网络分析导论 [M]. 北京：社会科学文献出版社，2004：111.
[2] 苏晓萍、宋玉蓉. 利用邻域"结构洞"寻找社会网络中最具影响力节点 [J]. 物理学报，2015（2）：1-11.

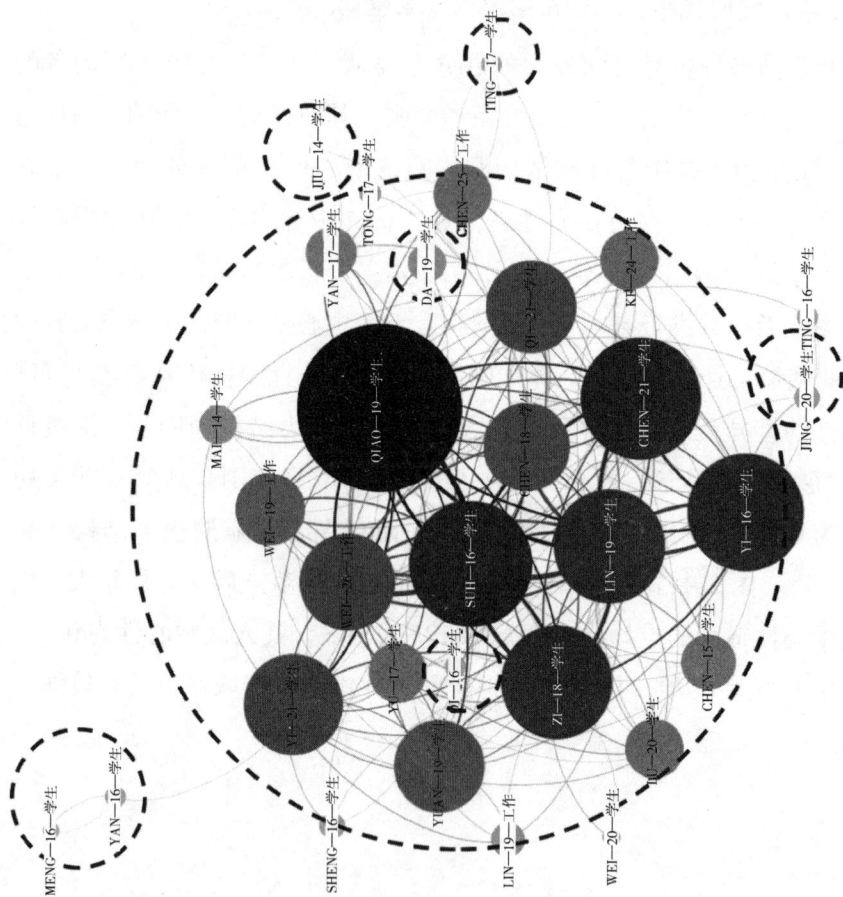

图6-4　"厦门甜美系鹿饭"社群连通图

点度中心性主要衡量节点及邻居节点的联系，没有将节点所处的整个网络的拓扑结构计入，无法全面解释网络节点的权力，因此伯特（Burt）提出了结构洞（Structural Holes）理论对其衡量，指出处于结构洞的节点具有更大权力①。结构洞理论认为节点权力表现在两个方面：一是处于社会网络中心，这部分能力基于点度中心性可以得到测量；二是在各分社区（community）中起"桥接"作用，这也是点度中心性所忽视的。本书对粉丝社群进行结构洞分析，得到表6－3数据，社会网络的冗余度越小、限制程度越小、有效规模越大、网络效率越高、等级度越低则社会网络存在结构洞的可能性越大。由表6－3数据可知，"厦门甜美系鹿饭"社群的平均冗余程度为0.08，平均限制度为0.02，平均等级度为0.29，均处于较低水平；网络效率为0.76，有效规模为5.96，处于较高水平，因而"厦门甜美鹿饭"社群网络存在结构洞的可能性较大，有较明显的权力结构和权力关系。

表6－3 "厦门甜美系鹿饭"社群网络整体结构洞分析结果

	冗余度	限制度	网络效率	有效规模	等级度
平均值	0.08	0.02	0.76	5.96	0.29
最小值	0.00	0.00	0.58	1.00	0.00
最大值	0.72	1.00	1.00	15.38	1.00

对"厦门甜美系鹿饭"社群网络节点的进一步结构洞数据分析可得表6－4。有效规模最大的节点为"QIAO－19－学生"，其有效规模为15.38，网络效率为0.73，属较高水平；限制度为0.28，网络层级为0.31，属中等水平。因而"QIAO－19－学生"为整个社群的结构洞，有较高的权力，其权力主要体现在信息的影响力和有效覆盖规模上。

---

① Burt, R, S., Structural Holes: The Social Structure of Competition. Cambridge: Harvard University Press, 2009, pp. 53 - 58.

表6-4 "厦门甜美系鹿饭"社群网络节点结构洞

分析结果（有效规模前5）

序号	标签	有效规模	网络效率	限制度	网络层级
1	QIAO—19—学生	15.38	0.73	0.28	0.31
2	SHU—16—学生	11.78	0.69	0.31	0.28
3	YI—21—学生	11.58	0.72	0.31	0.30
4	YUAN—19—学生	11.19	0.80	0.27	0.29
5	YI—19—学生	11.07	0.69	0.38	0.41

从社群内部讨论的7天变化来看，该粉丝群内部已经形成的固定权力结构使得社群能够保持一致性，一致性是社群重要的团结催化剂。社群内部不散布一种一致性，一个紧密无间的组织是发展不出来的，一心一德是每一个粉丝社群都会嘉许的美德。

从以上分析可以看出，粉丝社群已经由话语空间生长出规则空间，空间内存在固定的权力关系。"话语即权力"，在福柯看来，空间是权力争夺的场所，也是权力实施的媒介，空间生产实际上体现为对空间的规训实践，而这一过程往往是通过话语的空间化途径实现的。话语通过对空间的规训来传递特定的压制关系，进而维系着因外部因素变动而引发的空间变动，实现平衡—不平衡—再平衡的过程。

（三）空间的异质性与并置性

利用Gephi对"厦门甜美系鹿饭"社群进行模块分割可分割得三个子群：社群权力最大的"QIAO—19—学生"所隶属社区模块也最大，说明该子群的成员为社群中权力较高者；权力第二层级中心点的"SHU—16—学生"所隶属子群属于中间水平；而第三层级社群则以"YI—21—学生"和"YUAN—19—学生"为主，其余为小型群体。可见，"厦门甜美系鹿饭"社群不仅拥有明显的权力中心，且形成了较明显的权力层级，权力结构较为明显。这种层层展开的环状格局导致不同子空间在同一个话语空间内并置和对比，使得空间存在异质性和并置性。这是以往的粉丝社群研究很少涉及的现象。

（四）偶像危机下粉丝社群综合特征分析

综合以上对"厦门甜美系鹿饭"社群网络的分析，可知该网络具有以下基本特征。

一是网络效率高，粉丝沟通紧密。在偶像危机爆发时，粉丝社群能迅速集结，针对偶像危机展开充分讨论，这种讨论基于粉丝主观兴趣所建立，因而粉丝相互间的互动较为充分、频繁，能够在短时间内形成大规模交流，形成了一种有物理属性界限的话语空间。但随着在空间内互动的加剧，加上话题的特殊性，话语空间逐步成为情感支持的场所，上升为情感空间。值得注意的是，虽然此网络存在明显的权力结构，但由于是弱连通网络，权力中心节点对社群的讨论主要体现在信息的有效覆盖率和有效反馈上，对网络信息传输的垄断作用并不明显，即在没有现有中心节点的情况下，社群具有迅速恢复网络结构和有效沟通的可能，有较强的生命力。

二是粉丝社群存在明显的权力结构。"厦门甜美系鹿饭"具有明显的单中心模式权力结构。单中心模式权力结构这种模式有助于成员围绕单一话题进行讨论，其目的不在于争论对错而是形成共识①。"厦门甜美系鹿饭"作为粉丝社群其目的是较为明确且统一的，即维护鹿晗的偶像形象并为鹿晗提供支持。在鹿晗发生危机事件时，粉丝群的所有信息讨论也是以维护偶像在粉丝群中的稳定地位为目的，因而能够在短时间内迅速形成明显的权力结构，展开充分讨论。在这种权力结构下，情感空间变得有规训，有话语霸权，慢慢变为一种规则空间，进而异化为社会规范。

---

① 李彪. 不同社会化媒体圈群结构特征研究——以新浪姚晨微博、草根微博和人人网为例 [J]. 新闻与传播研究, 2013 (1): 82-93.

　　三是象征资本与文化资本成为决定粉丝社群权力地位的主要因素。对粉丝社群的节点分析可知，粉丝在实际生活中的年龄和职业对粉丝在社群中的权力地位不存在显著影响，已工作的且年龄较长的几位粉丝均未占据社群权力结构的中心位置，同时，粉丝群的群主"LU—19—学生"同样未占据权力中心，说明这种权力主要是由粉丝对偶像危机事件的投入程度决定的，社会资本、经济资本的影响较小。布尔迪厄（Bourdieu）认为象征资本反映了行动者被场域内行动者认可的程度，文化资本则反映为行动者受教育的程度①。本书认为在粉丝场域中，文化资本主要体现在粉丝对偶像相关信息的获取能力和了解程度上，象征资本则与粉丝群体内的自有判断标准相关。在"厦门甜美系鹿饭"社群内，"粉龄"（即成为鹿晗粉丝的时间长度）成为粉丝重要的象征资本，处于权力中心节点的"QIAO—19—学生"和"SHU—16—学生"虽然在年龄与职业上均不占优势，但粉龄在五年以上，即在鹿晗成名初期便成为粉丝，因而其发言受到更多成员的关注和反馈。

（五）偶像危机前后社会关系网的比较

　　为了更好地说明偶像危机发生前后粉丝群关系网的属性差异与变化，本书将偶像危机前后两个时段的粉丝互动建构的社会网络进行比较，选取网络核心的几个属性数据进行比较，相关结果如表6－5所示。

表6－5　偶像危机前后粉丝社群社会网络基本属性综合比较表

10月2日0时—8日12时		10月8日12时—14日24时	
属性名称	属性值	属性名称	属性值
密度	0.046	密度	0.22
平均度	2.24	平均度	6.5

---

① Bourdieu, P., & Johnson, R., The field of cultural production: essays on art and literature. New York: Columbia University Press, 1993, pp. 37 – 39.

续表

10月2日0时—8日12时		10月8日12时—14日24时	
属性名称	属性值	属性名称	属性值
包容性	41%	包容性	46%
弱成分	17	弱成分	13
强成分	5	强成分	10
互惠性	0.342	互惠性	0.265
传递性	0.312	传递性	0.425
聚类系数	0.246	聚类系数	0.393
平均距离	2.02	平均距离	1.97
网络直径	7	网络直径	5
连通性	0.312	连通性	0.287
网络效率	0.683	网络效率	0.734
网络层级	0.363	网络层级	0.547

从表6-5中可以看出，差别比较明显的属性是节点数、连接数、密度、互惠性、传递性、聚类系数、连通性和网络层级。连通数指的是点与点之间连通的线的数量，数量越多说明在全网中彼此联系越多。危机前的平时状态沟通相对比较少，由于偶像危机的出现，社群内部的确出现了应激反应，参与讨论与互动的人群一下子增多起来，节点、密度、平均度等均与连接数的增多有密切关系，不作赘述。

互惠性是衡量社群内部行动者之间信息交换互惠程度的指标，危机发生前由于是以弱连通为主，信息的中心度不高，因此互惠性较高；偶像危机发生后，意见领袖的作用剧增，造成整个网的权力结构凸显，中心集中度增强，但传递性却有所增强，说明偶像危机发生后意见领袖的信息传递和覆盖能力在增强，但互惠性有所下降。这与之前的研究有所差异。

聚类系数是衡量社群内同类子群多寡的指标，一般来说聚类系数越高说明社群的子群数量越少，节点可以很清晰地划分到不同子群中。可以看出，偶像危机后社群的聚类系数有所增加，说明危机发生前社群中存在的分散子群得到进一步统合，形成规模更大、划分更为清晰的子群。这与网络层次的数值变化是一致的，网络层级值越大，越存在层级，马太效应越明显。危机发生前，信息权力在网络中分布相对均匀；危机发生后，信息权力在网络中呈现出进一步极化的现象，权力分配更为集中。

另外，危机发生前后社群的强弱成分也不尽相同，强成分指的是个人的社会网络同质性较强（即交往的人群从事的工作，掌握的信息都是趋同的），人与人的关系紧密，有很强的情感因素维系着人际关系；弱成分的特点是个人的社会网络异质性较强（即交往面很广，交往对象可能来自各行各业，因此可以获得的信息也是多方面的），人与人关系并不紧密，也没有太多的感情维系。强成分更强调情感、归属等社会特征。而弱成分更强调信息的分享、快捷。从上表中可以看出，弱成分在危机发生后有所下降，而强成分有所上升，社群中抱团取暖、寻求慰藉的属性在增强，已经具备了熟人网络的属性，危机使得以往单维度的话语空间生长为多维度、多诉求的复杂空间。

四、偶像危机下粉丝社群的话语构建与社群维系

为研究鹿晗恋情公布后粉丝社群话语空间建构的过程，本书通过ROST CM6 软件对聊天记录文本进行词频分析，并在此基础上用 Wordart 词云软件绘制了相应的聊天词频图。从图 6 – 5 可以对"厦门甜美系鹿饭社群"在危机发生社群互动形成整体初步的了解，"粉丝"是提及频率最高的词语，说明社群主要针对粉丝与偶像的关系展开了系列探讨，"无奈""沧桑"是较常出现的情绪词汇，说明粉丝社群在鹿晗恋情爆发的一周内的总体情绪是较为消极的，但是一种较为克制的消极态度，并未衍生出强烈的抵触、反对情绪。在整体词频分析的基础上，基

于文本分析，可以将鹿晗粉丝社群在经历危机事件后的结构恢复过程分为三个阶段。

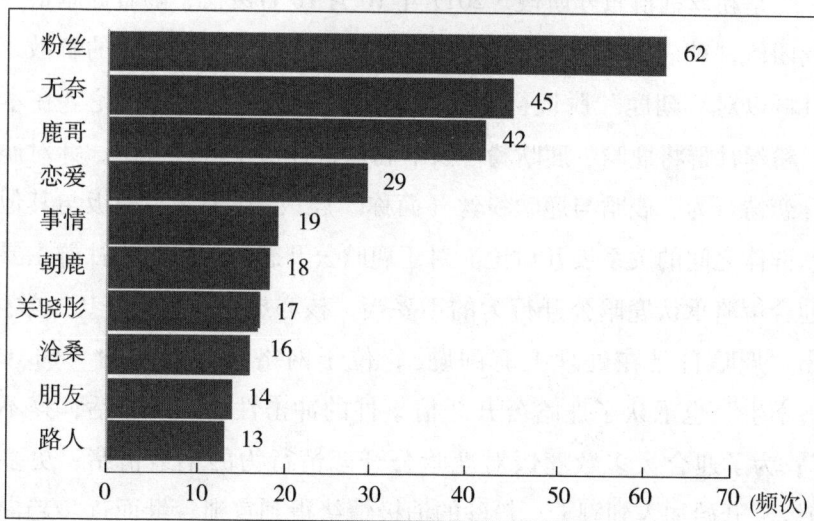

图 6-5　"厦门甜美系鹿饭"社群文本分析

一是注意力转移阶段。在鹿晗恋情公布的最初一段时间内鹿晗粉丝并未针对鹿晗恋爱本身展开过多的探讨，讨论的内容大多是粉丝该如何分散对恋情的关注,注意力转移策略为该阶段最常用的危机沟通策略。在 2017 年 10 月 8 日到 9 日两天的聊天记录中,粉丝对鹿晗恋情的态度大多为"不支持不祝福不打扰"(CHEN—18—学生),期待尽快恢复粉丝社群的日常生活,并建议社群内的粉丝"给自己找点事做吧"(CHEN—20—学生)。值得注意的是该阶段中参与讨论的成员数量较少,主要为几个在网络结构中占据核心权力地位的成员,如"QIAO—19—学生""YI—19—学生""CHEN—20—学生"等,这些核心成员率先发起谈话,通过转移注意力的方式为社群话语空间建构奠定了基调,提及的注意力转移方法包括专注学业、参加社团活动、玩手机游戏等,成员间的"粉丝"身份被刻意弱化、社会主身份——"学生"身份被凸显,通过刻意避谈偶像与粉丝关系、回归线下真实生活的方式维系社群的基本稳定。

二是粉丝社群重建阶段。2017 年 10 月 10 日凌晨,随着鹿晗最大的粉丝团体"朝鹿 FORLUHAN_ 鹿晗个站"(简称"朝鹿")的解散,粉丝社群以对"朝鹿"脱饭行为切入对此次危机事件展开讨论。在本阶段,粉丝社群将鹿晗、鹿晗粉丝及非粉丝群体做了群体分割,针对鹿晗公开恋情行为、鹿晗与鹿晗粉丝(简称"鹿饭")关系、鹿饭与其他非粉丝群体之间的关系展开讨论。对于鹿晗公开恋情的行为,社群主要采用迎合策略承认鹿晗公开行为的不妥当,核心成员"SHU—16—学生"指出"鹿晗自己在处理上有问题",位于网络核心地位的"QIAO—19—学生"也承认了鹿晗公开恋情事件的冲击性,"一句话,猝不及防";为了迎合大多数鹿饭对鹿晗公开恋情行为的不适情绪,更多的"鹿饭"开始加入到聊天,粉丝的消极情绪得到宣泄,继而逐步趋向稳定。值得注意的是,一旦出现对鹿晗较为偏激的言论评价,核心成员便会对其进行反驳,以矫正话题导向,如通过"不公开到时候指不定粉丝要说鹿哥不守信"(QIAO—19—学生)、"当初不就喜欢他耿直吗"(YI—21—学生)等言论指出鹿晗公开恋情的合理性。正如埃里克·霍弗（Eric Hoffer）指出的"一个彻底团结的群体因为具有高度的模仿性，其弹性和适应能力也十分强大，它要采取革新措施或改变方向都轻而易举"①。这一阶段主要是通过自我安慰和设身处地为偶像着想来维系社群的。

在偶像危机状态下，粉丝社群内部存在着"脱粉"和"继续粉"的两种倾向，这两种意见倾向围绕着成员的注意力展开竞争。其中持"继续粉"意见的成员，采用了灵活的话语修辞，提醒策略为常用危机沟通策略，通过"看到你们还在真是安心多了"（QIAO—19—学生）等话语鼓励社群保持团结。同时，以竞争对手的粉丝群为"外"，明确偶像与粉丝间的"家人"关系，表明内部争执与对外团结应区分对待的态度，"我现在的心态就是：我爱豆我可以骂，你们都不可以骂"（YI—19—学生）、"不管现在对鹿晗有什么不满，那只是我们自己家的事"（SHU—16—学生）、"我觉得粉丝内部撕可以，但还是要一致"（ZI—18—学生、LIN—19—学生）。对已脱粉粉丝群体，核心位置的成员大都表示了理解，指出"朝鹿姐姐不容易"（SHU—16—学生），通过迎合策略避免与已脱饭粉丝群体的争执，并进一步指出"老粉走了可惜，但是老粉也可能回来；哪怕不回来，也不怕，粉丝圈一代接一代，时刻充满生机，有何不可"（WEI—26—工作），给未脱饭粉丝以信心。对于其他非粉丝群体，攻击他者成为危机沟通、建构认同的主要策略。通过对其他明星的粉丝、黑粉、路人进行区分和攻击，稳定鹿晗粉丝社情的团结。通过"一家这样，其他家当然落井下石"（ZI—18—学生）、"他们平时胆子也没这么肥啊"（YI—21—大学）、"致路人：别借'心疼'我们来羞辱他"（SHU—16—学生）等言论攻击其他非粉丝群体，以"家人"身份维护鹿饭社群团结。

三是粉丝社群巩固阶段。从 2017 年 10 月 11 日起，成员逐渐降低

---

① ［美］埃里克·霍弗. 狂热分子 ［M］. 桂林：广西师范大学出版社，2015：217.

对鹿晗恋情的讨论，社群日常对鹿晗的支持活动逐渐开始恢复。鹿饭社群主要日常工作包括保持鹿晗流量数据、抵制黑粉等，通过"数据粉不能输"（WEI—26—工作）、"这几天的数据很伤心啊"（QIAO—19—学生）等话语将话题拉回对鹿晗的日常支持工作中，通过"这是我们自己的骄傲"（SHU—16—学生）、"反正就是还没结婚呢，大家先不要伤心了，搞数据先"（CHEN—25—工作）等言论鼓舞团体士气，逐渐巩固和恢复粉丝社群的日常活动。在这一阶段时，危机经过前两个阶段已经被最大限度地消解，粉丝社群迅速回归日常。

　　综合以上鹿晗粉丝社群的危机沟通与社群维系的三个阶段可以看出，社群网络的核心成员一直持续、积极地加入话题讨论，并通过第一时间回应和发言奠定话题主基调，成功维持社群稳定，使得危机冲击下社群的重建和巩固过程得以顺利展开，并且，粉丝社群并没有因为偶像危机而解散或者发生结构改变。由于粉丝群是基于偶像而展开的，偶像是其生存和发展的基础，偶像危机具有较强的反作用，进一步凝聚了粉丝社群，强化了社群认同，社群的心理代偿机制由原来的喜爱鹿晗转向为支持偶像的失衡—再平衡的过程。某种意义上说，粉丝社群已经具备了社会认知的属性，按照利昂·费斯廷格（Leon Festinger）的"认知失谐"理论，人的社会认知处于平衡—不平衡—平衡的动态演变之中，社群的这种动态平衡符合了这种认知过程，因此社群已经具备了与社会个体一样的社会认知过程。

五、危机语境下的趣缘社群关系维系机制

　　后真相时代粉丝社群具有更重要的样本研究价值，因为后真相时代的情感和立场远胜于事实真相本体，"由谁说"远比"说什么"更具有权威性，而当作为粉丝群赖以存在的偶像出现危机时，粉丝社群的话语空间也发生了急剧变化。综合前文分析，可以得出如下结论。

（一）液态空间与自组织

流动性是鲍曼提出的一个核心概念和研究主题，本书主要通过借助其液态空间概念的分析理念，来分析社群面对偶像危机时的应激反应机制，这是一种流动的、可自我调解的话语空间，具有一定的弹性和韧性。偶像信仰的崩塌并没有彻底瓦解空间，反而促使新的空间生长与出现。这种平衡机制已然具备了自组织的属性，一个空间或系统的自组织属性愈强，其保持和产生新功能的能力也就愈强。自组织内存在协同机制，即一个由许多子系统构成的系统。如果子系统之间能够互相配合产生协同作用和合作效应，系统便处于自组织状态。这也可以解释粉丝群面对危机时所呈现出的再平衡机制。

（二）多维空间生产与持续建构

粉丝社群在偶像危机的冲击之下进行着多维空间的生产与互动。按照列斐伏尔的三维空间论，粉丝社群虽是有边界的物理空间，但由于粉丝的抱团与情感沟通，时刻进行着意义的生产，具备了精神空间的维度。物理空间与精神空间的融合与共塑，生长出全新的社会空间，存在着权力与话语的压制关系。从历时性上看，空间也发生着进化，从话语空间到情感空间再到规则空间，这些都是空间在试图维系均衡时表征的变化。

（三）意见领袖危机沟通与社群维系

危机状态下粉丝社群会形成集中度较高的"星系"式传播结构。粉丝社群中存在引力较强的"恒星"成员，即意见领袖的角色。这一角色能够组织社群中的谈话，规定着社群讨论的整体方向——在传播结构比较重要的话题节点上，"恒星""行星"成员所持的意见均为坚持"继续粉"，有持异见的"卫星"成员由于得不到回应或被大量成员反驳而逐渐销声匿迹。意见领袖在社群维系上具有重要的作用，他们借助灵活的修辞策略和既有的权力结构，最终使得粉丝社群"一致对外"

的意见上升成为优势意见。因此，不同于已有文献认为社交媒体下个体决策行为比意见领袖的影响力更重要①，"一致对外"的意见成为主导意见的过程说明，在危机处理过程中，粉丝社群内部意见领袖的影响力明显且集中。另外，意见领袖的权威建构主要是通过意义建构的参与度来实现的，社群作为一个动态场域，在遭遇危机、发生变动、趋于平衡的过程中，意见领袖的控制力主要通过积极回复他人言论来获得提升。这其实也暗示了在互联网环境中建构自己话语资本的一种途径——积极的互动和回应。这也就涉及话语意义的建构过程，因为传播的真正内涵就是意义的碰撞、交流和建构的过程，在传播的意义构建之中，体现出人们对社会关系的确认，所以传播结构自然会涉及社会意义的生产②。

①　Duncan J. Watts, Peter Sheridan Dodds. Influentials, networks and public opinion. Journal of Consumer Research, Vol. 34, No. 4, 2007, pp: 441-458.
②　姚君喜. 传播结构与社会话语生产 [J]. 当代传播, 2009 (6): 7-10.

第七章

社群传播引导与规制

第一节　解蔽与再遮蔽：隐匿社群逻辑
背后的平台资本主义

一、新技术平台公司成为社群传播时代的"新贵"

从新闻业近年来商业实践看，新技术将新闻业最主要的收入来源——广告资源不断"转移"到以 BAT（百度、阿里和腾讯）为代表的新技术平台公司。以往新闻业专业门槛高、生产成本高的闭合传播系统被打破，一对多的立体化垂直传播模式被新技术平台的定制化个性推送冲击得七零八落。这些新技术公司通过控制信息分发渠道和受众资源，让传统新闻业"心甘情愿"地为其生产新闻，成为其注意力资源变现过程中的关键环节。

（一）"把关人"的"把关人"

新技术平台掌控了新闻内容的分发权，进而形塑了整个新闻业。新技术公司通过算法推送成为新闻"把关人"的"把关人"，因为算法的终端是受众，是新闻业的命门所在，它们掌握着受众"看什么""看多少"，新技术平台成了实实在在的"新闻编辑"，而传统新闻媒体成了"记者"，仅是众多提供新闻原材料的"爆料人"之一。当前全球有40多个不同的社交媒体主导着新闻机构为他们生产新闻，并分发到用户手中，世界新闻史上从来没有哪个新闻发行机构享有过对新闻消费如此的影响力。

新闻机构的品牌价值在技术平台上被最大限度地消解，信息受众关注的只是在哪个平台获得的新闻，而不关注新闻源来自哪里，并且在技术标签的设置上，新技术平台公司对新闻机构并没有通过有效的身份标签做一区分，美国新闻研究所的"媒体洞察项目"（Media Insight Project，2017）发现在脸书上，每10人中只有2人可以回忆起信息来源，分享者反而比传播者获得了更多信任①。

另外，新技术平台决定了传统新闻机构的业务流程和把关标准，甚至是整个行业的话语表达体系与游戏规则，新闻机构不得不按照新技术平台的要求进行内容生产，如人们会把脸书上的视频静音，新技术平台就会要求新闻机构在上传的视频上制作屏幕字幕（Text - On - Screen）。微观层面，新技术平台为了使得内容吸引更多的流量，要求媒体机构按照用户喜爱的方式对讲述的故事进行调整，这不可避免地会改变新闻本身的呈现方式和语调，长此以往，在这种传导机制下，新闻机构的核心价值也会被新技术平台所改变和同化，甚至可能被内化到新闻机构更前端的信息选择与信息生产中。如 NewsWhip 研究发现，多数热门内容的篇幅较短，并集中在 250—750 字，2000 字左右的长篇内容表现一般，因此媒体机构就改变以往调查性报道动辄上万字的报道方式和风格，短

① The Media Insight Project. "Who shared it?"：How Americans decide what news to trust on social media ［EB/OL］．http：//www. mediainsight. org/PDFs/Trust% 20Social% 20Media% 20Experiments% 202017/MediaInsight ＿ Social% 20Media% 20Final. pdf. March，2017.

小的新闻报道大行其道，《纽约时报》新闻报道平均单幅的字数下降了24.3%①；甚至标题的写作和要素也受到新技术平台推送偏好的影响，传统新闻报道中的主副标题形式已经消失殆尽，这都是新技术平台公司对新闻业改造的表征。

（二）社群消费的"茧房化"

"茧房化"的推送方式很容易会造成民众获取信息具有结构性的缺陷，社群所具有的回声室（Echo Chamber）效应和过滤气泡（Filter Bubble）效应会使得信息茧房化成为实体性的"社交茧房"，茧房内的同质性与茧房之间的异质性都被增强了，使得信息传播过程中真相有时变得不重要了，重要的是情感和观点，后真相时代来临。新闻价值在后真相时代被解构。在新技术平台，流量为王，后真相时代的民众更注重感性刺激，而不注重事实真相本身，社交货币、情感宣泄成为其追求的终极目标，因此，新闻价值在后真相时代被"祛魅"成夸大其词的标题、耸人听闻的故事情节、让人"解气"的情绪化观点，那些新闻业约定俗成的职业操守正在被新技术平台的算法所抛弃。

从技术底层架构看的话，智能手机属于私有移动网络和私密媒体，传统 PC 端开放的自由网络越来越封闭化，传统开放式的新闻生产模式也越来越被整合到私人信息消费的话语空间中。在社群消费环节，脸书已经做了一系列实验，其中包括通过控制信息流里展现的内容来控制用户的情绪和想法，以及预测用户未来可能做出的决定，比如预测分手、预测建立新恋情。

（三）广告平台宰制与技术屏蔽

媒体时代，广告主不再需要销售员来谈判和购买广告，在了解广告

---

① 网易新闻学院. 手机看新闻，多长篇幅的内容人们更喜欢？［EB/OL］. https：//c. m. 163. com/news/a/D89UMLT305118VJ5. html？spss = newsapp，2018 - 01 - 12/2018 - 03 - 02.

消费者的人口统计特征方面更有针对性，没有任何臆测的成分，其市场规模也比任何一家传统出版商可提供的都要大很多，用户的脸书账号比浏览器缓存能更有效地跟踪用户行为。除此之外，脸书还拥有 19 亿名用户的生活和行为数据。利用所有这些数据，广告可以针对特定用户群，并直接插入到"动态消息"中，2014 年，脸书已经占据了移动广告最大市场份额。

信息分发权的剥夺使得传统新闻业的资金状况更雪上加霜，传统媒体丧失了分发权，便丧失了包括广告资源、话语权和独立立场等一切权力。虽然传统媒体机构可以自由地在技术平台上发布任何新闻内容，但究竟哪些内容会被推送、推送给什么样的受众都是由算法决定的。《纽约时报》社交媒体编辑辛西娅·柯林斯（Cynthia Collins）认为"为了能被受众读到，我们实在让渡了太多控制权"①。以往的媒体机构都有明确的盈利模式，通过广告收入来补贴昂贵的新闻生产环节，来获得持久的发展，但依附于新技术平台的新闻生产明显比以前的货币回报率更低，更不可预期，新闻机构逐步失去广告权，广告模式被彻底颠覆。新技术将掌握在新闻媒体的广告权力彻底归还了广告主。

新技术平台公司不仅进行平台宰制，还对可能流向新闻机构的广告资源进行技术屏蔽。如谷歌 Chrome 浏览器自动加入广告屏蔽工具，这也能避免用户使用第三方拦截广告工具时，屏蔽掉自己的广告和追踪技术，苹果的商业模式与广告无关，因此它们直接默认为用户开启"读者视图"，屏蔽一切广告、品牌、相关链接，对媒体利益产生了很大影响。广告拦截技术彻底断了新闻媒体进行商业化转型的最后尝试，沦为整个分工明确的工业化信息生产的内容提供者，这使得"原生广告"成为算法推送环境中对大多数新闻媒体唯一适用的广告样式，一家杂志

---

① 辛西娅·柯林斯. 硅谷如何重塑新闻业——哥大新闻学院 Tow 数字新闻中心"平台新闻业"报告［J］. 骆世查译. 新闻记者，2017（7）：34 - 44.

的出版商表示："平台公司很大程度上控制了变现过程，允许我们在平台上做品牌和本地内容符合它们的利益……它们真的可以一夜之间改变整个行业。"①

（四）数据遮蔽与数据控制

新技术平台不透明的算法推送正在逐渐取代人类自己，决定着人们阅读的文章、保持联系的人、观点和意见，以及获得的反馈。这相当于在传统新闻获取的社交交往中加上了一层技术遮蔽，而这个遮蔽最直接体现在新技术平台对数据资源的控制。大数据时代数据成为一种资源、媒介与关系，掌握数据的新技术平台公司成为整个社会的"数据中枢"与中介。新技术平台公司对数据的控制使得媒体机构失去了了解受众真实的想法与需求的能力，成为一种遮蔽。并且随着数据驱动成为各行各业发展的核心动力之一，新闻媒体才意识到自己已经失去了非常有价值的东西。新技术平台的本质就是在使用数据的基础上构建、推出、优化，并变现。正如一位焦虑的发行执行官所言："它们比我们更了解我们的读者，而且能以我们无法做到的方式将其卖给广告客户。"② 数十亿名活跃用户在新技术平台上留下了数字痕迹，如使用脸书的用户，无论登录自己的账号与否，其在网站上的一切行为都被记录下来，脸书会利用这些数据进行兴趣图谱和社会兴趣偏好的数据挖掘和精准定位，然后与广告商的需求进行自动配对处理，一个个精准的广告便会轻松地推送到每个可能有潜在需求的用户的视域内。

但由于自动化技术的不透明性，数据只掌握在新技术平台，数据作为互联网时代的生产对象，注定了就是要被各种开发的，但新闻机构是

① IT之家 . 多国要求调查 Facebook，德媒：退出欧洲 or 接受监管［EB/OL］. ht-tps：//c. m. 163. com/news/a/DDLEED7T0511B8LM. html？spss = newsapp，2018－03－02/2018－03－20.

② 网易新闻学院 . 2018 年传媒业风向如何？全球 194 位资深媒体人这样看［EB/OL］. http：//www. sohu. com/a/216450396_ 99934711，2018－01－22/2018－03－20.

没有获取、二次开发的权限，它们是算法的重要生产者，却不掌握这些数据，完全沦为整个工业化信息生产中的"失权者"和"数据孤儿"。媒体逐渐意识到数据对于他们未来成败的重要性，根据路透新闻研究所的调查，62%的媒体人表示，提升自身数据容量是他们新一年最重要的目标；58%的媒体人表示，注册用户的数据对他们来说非常重要①。2018年初，脸书被爆料5000万名用户的信息数据遭剑桥分析公司（Cambridge Analytica）获取和利用，并涉嫌影响美国等多国的选举，以及英国脱欧公投、2017年肯尼亚的选举等，多个国家已经对此事进行调查，社交媒体上发起了"删除脸书"运动。销售数据本身是脸书的商业模式，该公司的业务之一就是向第三方出售用户的各种数据，另外脸书为超过20亿人分别构建了细粒度的心理学档案，并进行了大规模的行为控制实验，把个人的数字信息用作心理控制的手段。

（五）数字驯化与社会异化

在"流量就是王道"的信息推送氛围下，流量的原始动力和广告变现动机推动新闻机构放弃以往客观中立的原则"屈身"去制作病毒式和点击诱饵式的内容。BuzzFeed生产了出色的新闻作品，但真正驱动其收入增长的是那些病毒式内容，许多新闻机构已经开始模仿BuzzFeed的一些做法。新技术平台公司在完成对新闻业的改造后主要对网民进行数字驯化。正如美国传播学者博奇科夫斯基（Pablo Boczkowski）2017年研究指出由于新技术平台的强大的中介作用，以90后为代表年轻世代和"新闻"的关系已经发生质变：不再保持与中老年世代相似的新闻阅读习惯，而是转变成一种与"新闻"不期而遇的关系，碰上了就知道一些，没碰上就算了，"新闻"至多只是他们闲暇时间浸淫在社交网络当中的附属活动。科夫斯基将这种现象称为"不期而遇的新闻"

---

① 网易新闻学院.2018年传媒业风向如何？全球194位资深媒体人这样看［EB/OL］. http：//www.sohu.com/a/216450396_ 99934711，2018－01－14/2018－03－20.

（incidental news）①，对于被社交平台"数字驯化"的年轻世代来说，碎片化的信息剥夺了他们对客观世界有整体的认识和理解的机会，这种现象很容易使得年轻时代欠缺对当下与历史的关照，甚至彻底失去对客观世界认识的兴趣。不仅仅改变了年轻世代的新闻阅读偏好，新技术平台还决定了用户看到的政治观点和社会意见，长此以往，也会对用户的政治理念和世界观有相当大的影响。

对网民的数字驯化必然来的问题是整个社会的异化。新技术平台公司掌握网民观察和认识客观世界的"出口"，好比望远镜的功能，相较于新闻业1.0时代，这个望远镜的口径和倍率有所改变，但依然是观察外部世界的技术遮蔽，必然带有其技术和平台的烙印，根据李普曼"拟态环境"的概念，新技术平台为我们重新构建了一个新的"拟态环境"或"媒介假环境"，民众的决策不是架构在客观世界基础之上的，而是建构在新技术平台塑造的拟态环境投射到人类大脑中又形成的"主观世界"，进而反作用于客观世界，使得客观世界被"异化"。如果说新闻业作为一门生意，以往是由华尔街的股市所主导的，那么在新媒体时代，美国新闻业被硅谷的"技术新贵"所"收编"与"改造"，成为"流量生意"上的一个附庸产业。

二、社群传播时代的平台资本主义

技术表面上带来的技术赋权并没有给整个社会带来均衡赋权。技术平台公司已经具有不可撼动的经济地位，但同时又在不断扩张自己的商业版图，并掌控着大数据时代最重要的资源——数据资源，这些公司都是上市公司，追求商业利益最大化是其存在的核心目标，技术逻辑背后是资本的动力，技术与资本"合谋"生成了一种全新的资本主义形态，

---

① 罗世宏. 你所知道的脸书之恶，还不够多［EB/OL］. http：//dajia. qq. com/original/category/lshh180326. html，2018 - 03 - 17/2018 - 03 - 20.

即平台资本主义（Platform Capitalism），这是一种新的数字经济流通形式，包括社交媒体、网络市场、众筹和"共享经济"等表现形式①。平台资本主义是资本逻辑裹挟信息技术社会的结果，而技术是平台资本主义获得支配社会权力的基础②。另外，平台必须由足够多的用户才能形成规模效应，实现范围经济，因此平台资本主义的本质属性就是依赖网络效应控制足够多的用户及用户数据，用户越多，它们就对用户越重要，越能渗透进用户的生活，平台的用户思维从这个意义上说就是一种典型的垄断逻辑，平台最终的诉求是希望形成一个良性循环、赢家通吃的市场。扩张性与垄断性是平台资本主义的两个基本属性。但这些与互联网的开放、去中心初衷都是背道而驰的。

平台资本主义的形成过程是平台公司对数据与社交关系的逐步私有化与商业化的过程。伴随着新技术平台公司在整个社会生活中扮演着中介角色，"信息""数据"与"关系"资源在互联网资源的社会化配置中越来越集中化。长期下去，必然会造就新的权力结构，将导致以平台垄断为特征新的社会和经济不平等③。

数据是驱动平台公司的基本动力，平台被设计成一个完美地提取和使用社会数据的机制——通过向不同社会群体提供平台和中介，平台将自己置于社会监视和提取这些群体之间的所有交互作用的中心，平台基础设施控制者拥有绝对的对信息交换双方的排他控制权力④。这种机制设定是新技术平台经济和政治权力的来源。曼纽尔·卡斯特认为未来的世界不再以"南北"为分割标准，而是形成了一个以"第一世界"（或

① 梁超，保罗·兰利. 平台资本主义：数字经济流通的中介化和资本化［J］. 汕头大学学报（人文社会科学版），2017（11）：130 – 132.
② 霍克海默. 启蒙辩证法：哲学断片［M］. 上海：上海人民出版社，2006：108.
③ 蔡润芳. 平台资本主义的垄断与剥削逻辑——论游戏产业的"平台化"与玩工的"劳动化"［J］. 新闻界，2018（2）：73 – 81.
④ Andersson Schwarz, J. Mastering One's Domain: Some Key Principles of Platform Capitalism［M］. 2016：76 – 78.

"第四世界") 为控制全球体系主导逻辑的网络社会,而在网络社会之外的大多数将沉落在财富与权力渠道被关闭的"黑洞"中①。新技术平台重构了网络社会,与支配利益无关的人与物,都将被纳入平台资本主义生产体系但被排除在平台权力之外。平台的网络效应极力地把具有信息能力的广大群众吸纳进平台资本主义体系中成为新型数字劳动生产资料,但与此同时平台权力的垄断与排他性质却并没有改变②。正如谷歌大脑研究员 Franois Chollet 所说"我们共同养大的这个怪兽,最终会把我们每一个人都吃掉"③。

第二节　宏观顶层设计:社群传播时代网络
治理范式的新转向

"后真相"并不代表是消极的,后真相时代"事实"的唯一解释性被消解了,所有的人都可以参与事实的"塑造",在某种意义上是把对"事实"的解释权还给了每个人。后真相的确带来了非理性,但这并不意味着非理性都是不好的,在莫斯科维奇看来,"是幻觉引起的激情和愚顽,激励着人类走上了文明之路。在这方面,人类的理性反倒没有多大用处,它既不能带来音乐,也不能带来美术"④。勒庞也认为,

---

① 曼纽尔·卡斯特. 千年终结 [M]. 夏铸九译. 北京:社会科学文献出版社,2003:434.

② 蔡润芳. 平台资本主义的垄断与剥削逻辑——论游戏产业的"平台化"与玩工的"劳动化" [J]. 新闻界,2018 (2):73–81.

③ François Chollet. Facebook 事件背后:AI 已经控制着我们,但它本应成为我们的助力 [EB/OL]. https://baijiahao.baidu.com/s?id = 1595791333700816324&wfr = spider&for = pc,2018–03–11/2018–03–20.

④ [法] 塞奇·莫斯科维奇. 群氓的时代 (第5辑) [M]. 许列民等译. 南京:江苏人民出版社,2006:132.

民众的非理性才是历史前进的最深层动因，"我们终于知道了，尽管理性永远存在，但文明的动力仍然是各种感情，就像尊严、自我牺牲、宗教信仰、爱国主义以及对荣誉的爱这些东西"①。但问题是后真相时代我们应该如何将泛滥的情感宣泄进行有效引导，实现多元意见的最大共识。后真相的本质是后共识，当一个社会失去对基本价值和社会秩序的基本共识，观念传达与接受之间就会短路，其结果是，人们只能根据自己的立场有选择地相信事实，或者拒绝真相，或者相信"另类事实"。后共识并非是对事实真相本体的共识，而是对说真相者和真相表达方式的共识。要实现后共识必须重构舆情 1.0 时代的舆情治理范式，构建后真相时代的舆情治理"后秩序"。

一、思维范式转变：用"意见博弈的正和思维"代替"零和斗争思维"

"后真相"带来了社会分化、焦虑和撕裂，但并不是必然会发生，即使发生，其烈度也可以缓和，处理的方式不能硬碰硬，劈头盖脸地单向度打击别人，偏执化维护自己。后真相时代柔性思维更为重要，因为情感相比事实就是柔性的。舆情管理不能总想着剥夺对方发言的权力而令自己的声音更大，来压制反对声音，这是一种零和斗争思维，最终往往造成是多输的结局。由此出发，就会把如何促进意见共识和对话放在第一位，就会通过合作（甚至妥协）来博弈，正和思维其实也是一种增量思维，在通过正和思维创造增量的同时，要注意增量分配适度向相对弱势的意见群体倾斜，以矫正当前社群分化意见过于分散，正和思维有利于正向对冲情绪宣泄泛滥的现实，增加社会意见竞争的柔性。同时也要用协和思维来代替对抗思维，要不断对目前的舆情治理思维和方向

---

① ［法］古斯塔夫·勒庞. 乌合之众：大众心理研究［M］. 冯克利译. 中央编译出版社，2011：6.

进行反思，不走极端化，而寻求意见的和合之道和情绪宣泄的引导之法。

二、路径选择：破除社群的"回声室""意见气泡"负效应，建构重叠共识和最大共识

社交网络的崛起使得网络空间组成单元不再是一个个原子化的网民个体，而是一个个抱团的社群，舆情治理的客体发生了根本性变化，以往针对个体形成的舆情应对模式从根本上失去了效力。而是圈子就会存在着回声室效应，即在社群内部，一个信息被不停的重复，以至于无论该信息的真伪，在圈子内的每一个人都最终会相信是真的，而该社群外部的任何信息，都很难在这个圈子中传播或者不会达到这个圈子中——"回声室"使得圈子内部产生"意见泡沫"，使得不同圈子之间各说自话，"信者愈信"①，很容易出现观点极化和同质化。要改变这种极端现象，主要有两个途径：一是打破回声室让圈子里的人看到更大的世界，"让装睡的人没法睡得好"，让数字部落里松动的人慢慢走出世界，主要路径是将各个圈子的共识进行显性化，重叠共识；二是凝聚各信息部落，解除"部落"中的身份枷锁及"偶像必定是对的"等偶像化误解，需求各个部落的意见共识，在整个社会范围内构建对话平台，放大优势意见的共识，建构网络空间的最大共识。

三、话语空间重构：警惕后真相与民粹主义"合谋"，打造"网络化公共领域"

后真相时代，新技术使得人们只与"志同道合"的人聚在一起，把他们联系在一起的是一种共同的情感、立场。圈子是后真相的底层框

---

① 董晨宇，孔庆超. 后真相时代：当公众重归幻影［J］. 公关世界，2016（23）：56
－59.

架，情感是后真相的纽带，这恰恰与网络民粹主义异曲同工，莫斯科维奇认为"人类这种东西不能承受太多的真相。群体所能承受的就更少。一旦人们被聚集在一起，并融为一个群体，他们就失去了各自的鉴别力……他们理解的唯一语言是那种绕过理性，直接向灵魂讲述的语言，这种语言所描述的现实比实际的情况既不更好，也不更坏。"① 在莫斯科维奇看来，人们在民粹主义的运动中，不仅失去了鉴别力，而且失去了理性。驱使他们行动的逻辑是情感的逻辑，是不断被情感重新塑造的逻辑。在这种行动逻辑下，很容易让因此从众的热血沸腾、热泪盈眶或义愤填膺中失去判断，在狂热的围观下以正义之名集体作恶，必须需要警惕后真相与民粹主义"合谋"。

但"随着平民意识的觉醒，以及精英与大众之间裂痕的加大，平民大众不再将自身的权利诉求于精英与政客，并开始走向政治前台"②。民众的崛起已经成为现代性社会的重要政治现象。因此，必须将民粹主义文化与精英文化的冲突限定在现有政治秩序的轨道内发泄与平息，才是未来舆情治理要义所在。早在社会媒体刚刚兴起时，美国杨采·本克勒（Yonchai Benkler）发现了数字传播生态圈中分散各处的"基于共同体的同侪生产"（Commons – Based Peer Production）这一新型信息生产方式，并提出打造一个"网络化公共领域"③。各种不同政治倾向或兴趣爱好的人超越地域的界限，组成超越圈群、立场和偏见的某种网络共同体进行交流与互动。这也意味着传统公共领域里的重大结构转型。

---

① ［法］塞奇·莫斯科维奇. 群氓的时代（第5辑）［M］. 许列民等译. 南京：江苏人民出版社，2006：132.

② 龚群. 后真相时代与民粹主义问题——兼与吴晓明先生唱和［J］. 探索与争鸣，2017（9）：65–68.

③ 史安斌、杨云康. 后真相时代政治传播的理论重建和路径重构［J］. 国际新闻界，2017（9）：132–136.

四、底层技术支撑：技术的"锅"技术来背，互联网具有耗散结构属性

从人类发展的历史来看，技术的发展是动态平衡的，是在平衡—不平衡—再平衡的状态下不断演进，具有自组织理论中的耗散结构特性。互联网作为前所未有的技术，以往的技术都是在人类原有操作系统上的一个个"应用"，好比 APP 之于苹果系统，而互联网改变的是社会底层的人际关系，已经成为整个社会的操作系统，不是简单地嵌入原有的社会系统，是重构和彻底格式化，同时互联网作为一种新技术也具有自平衡属性。有研究者对技术是持一种悲观态度的，认为算法技术让资本和技术"合谋"，通过"贪嗔痴"模式帮着人们做决定，人人都成为被投喂的 Feed 怪兽，但从历史的角度来看，新技术带来了"后真相"，后真相带来的一切问题也必须由技术本身来解决。

当前舆情研究还多停留在舆情 1.0 时代，即只考虑信息的流动，而忽略背后的"情绪"和"关系"，舆情发生后好比泼出去的水，往何处流具有随机性，但背后不变的社会情绪和社会关系网。2018 年初火起来的区块链技术、数字对象体系架构（Digital Object Architecture, DOA）技术等，都是从底层上彻底解决目前舆情研究失灵的问题，将虚拟社群在底层技术框架下留下的"蛛丝马迹"进行进行机器学习研判，在此基础上辅以情感计算等模型，准确地研判社会情绪走向和社会痛点，改变目前舆情研究重信息轻情绪、重描述轻研判的问题，中国人民大学新闻学院与中译语通公司机遇大数据技术已经合作开发了社会焦虑指数和社会恐慌指数等产品，可以有效监测和研判当前社会情绪中的负向情绪，具有社会情绪的"风向标"的价值与意义。

社群传播时代，全球信息平面化、圈子化带来了对于事件发布以及对于事件真相认识的方式、方法的重大转变。如果说 20 世纪是威权政治治理的时代，那么 21 世纪是庸众社会，庸众是个中性词，即平民社会，一定程度上特朗普的当选就是庸众社会形成的标志，以希拉里为代表的传统政治精英因忽略了"庸众"最终尝到了苦头。网络平民公共领域是现代性社会的重要表征，它的出现是不以政治力量为转移的客观现实，网络平民公共领域并不是简单的"意见束"，不是各种意见的简单重合，而是在传统社会中嵌入一个全新的公共领域，各种意见在其中不是压制而是对话与沟通，只有这样才能真正实现社会有序运行，否则只要底层"庸众"的利益一旦受到损害，网络空间的意见波澜总会掀起。

第三节　微观话语修辞：社群治理的思维创新与手段创新

　　结合社群传播的新变化和新特点，未来应该在以下几个方面强化社群引导与治理的有效性和科学性。

一、治理目标创新：争取人心为最终价值取向

　　公共危机应对仅"快速回应"已不能满足社会期待，应以争取人心为最终价值取向。习近平总书记在党的新闻舆论工作座谈会上提出，新闻舆论要讲究"时度效"，强调要抓住时机、把握节奏、讲究策略。近年来经历数次公共事件磨练，大众舆论对危机主体的应对能力期待提高，"快速回应"已不是民众第一诉求，还需把握分寸节奏、满足各方关切、尊重民众参与权，应充分释放网上舆论，相信其自净、对冲机制。公共事件讨论中，"一刀切"式封堵、删帖容易坐实阴谋论，容易给舆论无限遐想的空间，充分探讨则有助于凝聚社会共识，应以争取人心为舆论导向的最终价值取向。

二、微观修辞创新：改变公共事件的命名机制

加强对舆情事件命名机制的监管，改变舆情走向从初始命名开始。随着词媒体为代表的"标签化传播"时代来临，很多公共事件的命名往往会左右事件发展的轨迹和趋势，如著名的毒疫苗事件中，疫苗只是由于存储条件不当失效，并不会产生毒害，但被冠以"毒疫苗"的命名后立马引起了整个社会的恐慌；僵尸肉事件也并不像媒体报道的那么夸张，但这种保存时间过长的冷冻肉被冠以"僵尸肉"的恐怖标签立马引起了网络热潮。因此对一些舆情事件命名应该掌握主动权，掌握了命名权就掌握了主动权。

三、路径选择创新：凝聚超越社群的价值共识和族群认同

网络社群的崛起加大了社会对话的难度，比"打通两个舆论场"更重要的是需要在全社会范围内构建公共对话平台和超越所有社群的全新社会认同。在历次杀医事件中患者与医生群体之间的对立与断裂、河北肃宁枪击案中警察群体的"集体声讨"白岩松、雷某事件中人大校友的多封公开信等，都一定程度上说明了网络虚拟社群之间的对话难度在不断加大，比打通两个舆论场①之间的对立与断裂更重要的是需要在全社会范围内构建出一个公共话语平台。未来应该一方面发挥网络在社会管理中扮演的重要的安全阀作用，网络具有社会代偿的功能，键盘侠就是最典型的群体，其在线下所受到的一些委屈和不满，通过互联网表达出来，虽然有个别人认为互联网是"公共厕所"，但恰恰说明其在社会情绪宣泄中的重要价值；另一方面要充分发挥网络社会对话中的黏合剂作用，扩大社会对话的基础和范围，最大限度地促进社会达成最大公

---

① 有学者认为两个舆论场的概念提法并不准确，因为舆论的主体必须是社会大众，"官方舆论场"的主体明显是新闻媒体。

约数和认同合意①，警惕网络中存在群体偏见和群体沟通隔阂。要真正有效解决网络群体偏见和社会族群分裂还必须扩大社会认同的基础和范围，能够在虚拟社会群体之上构建超越于所有社群的全新社会认同。

四、治理基础创新：增强社会流动和社群边界的可渗透性

随着网络社群的崛起，社群板结化现象日益突出，未来在加大不同社群之间的对话可能性的基础之上，增强社群、阶层和族群之间的社会流动，增强网络社群边界的可渗透性，改变社群之间不通约、互相猜忌甚至充满敌意的境况，做到社会边界的柔性和可变性。

五、治理对象创新：提升中等收入群体的政治认同感和幸福感

提升中等收入群体的政治认同感和幸福感用以阻断引发群体事件的内在"弱势认同心理"的蔓延。2016 年的魏则西事件、雷某事件都引起了传统意义的中等收入群体生存危机意识。应该强化这类群体的优势心理认同感，从源头上达到消解各类群体事件特别是无直接利益冲突的"集体认同"隐患的目的②。

六、治理环境创新：构建有效的社会情感按摩机制

宜疏不宜堵，构建有效的社会情感按摩机制，及时疏导社会负能量。无论是民生议题还是网络流行语中吐槽类均占据主导现象，未来要构建有效的社会情感按摩机制，及时疏导社会负能量，为整个社会民众进行情绪疏导和情感按摩，缓解社会压力，只有这样才能真正解决社会负性情绪淤积的现实。

---

① 喻国明，李彪. 2009 年上半年中国舆情报告（上）——基于第三代网络搜索技术的舆情研究 [J]. 山西大学学报（哲学社会科学版），2010（1）：132 - 138.
② 工志超. 网络空间中公民政治认同研究 [D]. 哈尔滨工业大学，2013：89 - 92.

据麦克卢汉的"媒介即信息"的观点，新媒介技术也不断形塑着全新的社会形态和人类存在方式，进而对社会治理方式和结构产生深远影响。由于网络空间具有高度的跨时空性特点，也就是说可以使得人们的社会交际行为不受地域和时间限制跨地域即时地进行。这种高度跨时空性可以改变社会组织的基本方式。

虚拟社群治理是近年来比较热点的话题。治理本身作为一种价值追求，一定程度上是对目前社会运行现状的再造和完善，学术界对治理概念的定义日渐丰富，治理作为促进公民参与、公开、权责对等的制度模式进入了公众视野，也被应用到网络虚拟社会管理的各个层面，因此虚拟社会治理是个系统性工程，网民、公权力和社会都致力于通过治理以实现秩序、效率、公平等，以适应信息时代带来的诸多挑战。网络社会治理要通过互动和调和，即沟通、对话、谈判、协商、妥协、让步，进而整合起各网络社会阶层、各网络社会社群都能够接受的超越所有虚拟社群之上的整体利益，最终形成网络社会各参与方都必须遵守的社会契约。

网络社群治理的本质精神是"调和"和"互动"，网络虚拟社会与线下社会是一样的，都具有"自组织"性，是一个生机勃勃的自组织有机体，不能试图用某种强力乃至蛮力去"支配"网络社会①；同时要善于引导网络社会达成利益共识和价值共鸣，建立一个适合多元主体参与的治理框架和社会机制，使多元主体都能够提出自己的利益诉求，然后在沟通交流、相互妥协、协商一致的基础上达成社会共识。

---

① 郑钧蔚. 社会治理理论的基本内涵及主要内容［J］. 才智，2015（5）：262.

后 记

从 2010 年我博士毕业踏上学术这条路到现在已经快十年了，借着这本书出版的时机，简单为自己近十年的学术之路吐吐苦水。学术之路并不是很好走的，这是一条看不到尽头的路，记得我博士毕业论文后记的最后一句话——路漫漫兮其修远，吾将上下而求索，真是一语成谶，我这条路其实并不顺利，博士后两年，感觉自己像浮萍，在经济学院没归属感，在新闻学院没落定感，博士后出站幸运地回到新闻学院工作，但博士后两年的人生经历好像全部清零，兜兜转转四年，最后以 35 篇 CSSCI（SSCI）独著或第一作者论文、2 项国家社科基金项目、3 部专著、2 项省部级以上科研奖励和 4 项省部级课题的研究成果，才评上副教授。我并不是炫耀自己的成果多么丰硕，而更多的是一种无奈。学术之路有时不是看这些的，而是看年限、资历甚至是运气。回顾十年，职称始终是悬在头上的"达摩克利斯之剑"，无时无刻不让人夙兴夜寐。

来美国快一年了，我完成了这本书。这是我的家庭难得的清闲时光，送了儿子上学就没什么必须要做的事情，可以静下心来思考和写作，这本小书是我三年前就想写的，但一直没时间。家庭生活难得在异国他乡之地得到了淡化，颇有梅妻鹤子之意味，回国后这种清闲的日子不会再有，这段时光必然会成为我们家庭最美好的追忆。

既然是后记，很难不俗套，还是需要致谢的，首先感谢我自己，这么多年还坚持这么高效率的写作，自己还是蛮佩服自己的，虽然代价是头上三分之一的头发已经变白，我个人是不太喜欢放手让自己的研究生去写文章的。

我与我的学生经常开玩笑说在毕业论文致谢时不要感谢自己的男（女）朋友，高校生活 20 年，见多了情侣间的爱恨情仇，万一毕业论文被未来的丈夫（妻子）看到就……但我是不怕的，我和郑老师已是锡婚，一路走来承蒙不弃，作为学术伉俪，心意相通是我们之大幸，感谢这么多年包容我的歇斯底里症，少年夫妻老来伴，虽然颇有"几度夕阳红"的感觉。我们携手走过了青年时代，即将步入中年，继续保持着相敬如宾的幸福生活。

滚滚马上六岁，有了他的日子我们生活得很快乐，虽然为人父母不容易，但对他的点滴成长还是很有成就感的，二儿子即将出世，两个儿子固然很酸爽，但无论何时家庭始终是我生活的中心。

最后谨以此书献给我的家人和帮助过我的人。